写真アルバム

# 大津市の昭和

# 色彩の記憶

## ――カラー写真でたどる大津市の昭和

▲**丸屋町商店街の東入口**　現在の中央2丁目交差点から西を望む。奥に昭和37年完成の丸屋町商店街のアーケード、右手前には青果とタバコを売るヒシヤス、左側の少し奥には書店の弘文堂が見える。〈中央・昭和38年・撮影＝椙山満氏〉

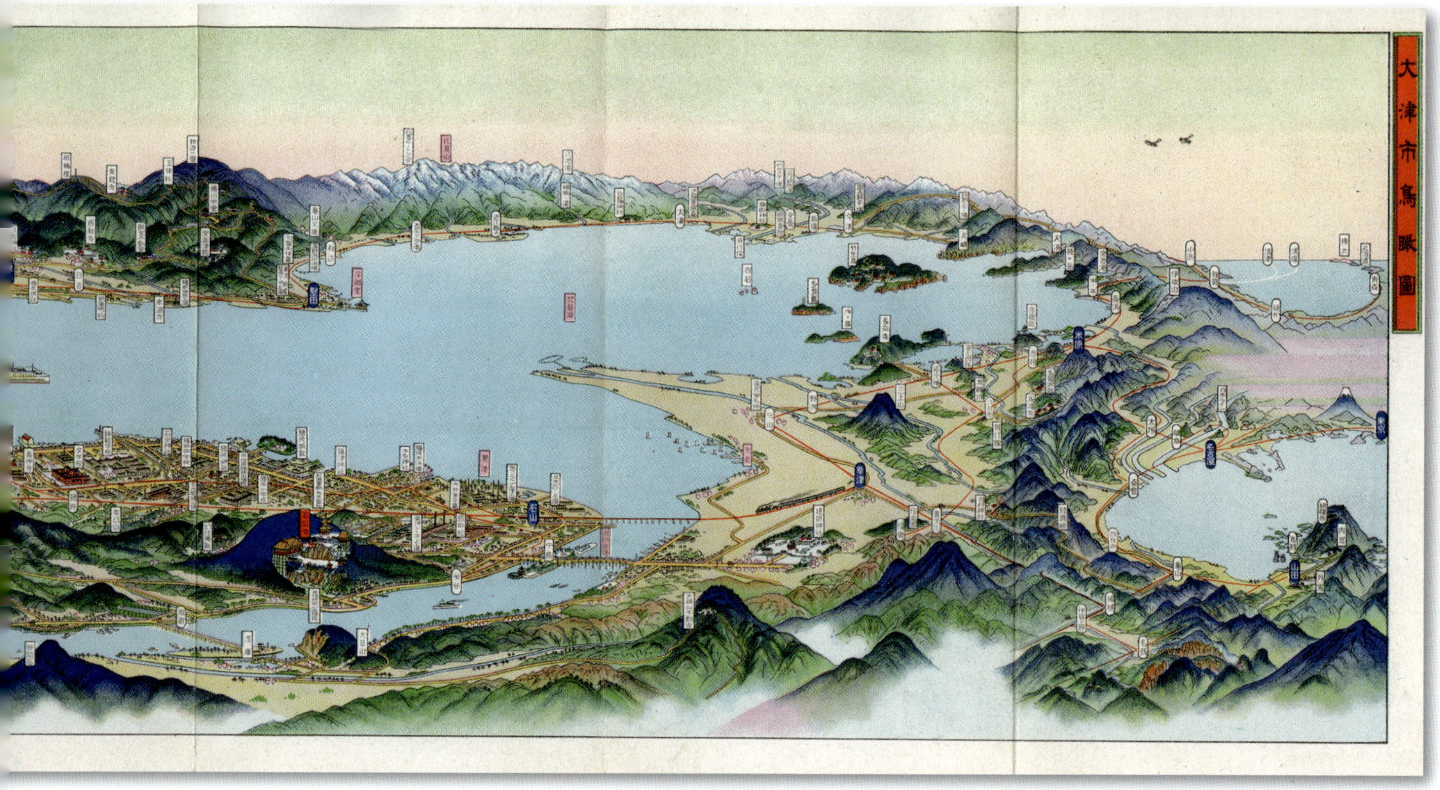


▲**大津市鳥瞰図**　「大正の広重」と呼ばれた絵師・吉田初三郎による鳥瞰図。大津市を中心に置きながらも周囲を大きくデフォルメし、実際には見えない富士山や東京、果ては朝鮮半島や樺太まで入れた大胆な構図で人気を博した。〈昭和10年・提供＝滋賀県立図書館〉

▼**びわ湖遊覧案内図**　現在の琵琶湖汽船の前身・太湖汽船が発行した案内図。近江八景を巡る航路を白の実線、竹生島や多景島など、島巡りを白の破線で示している。枠外には県外からの鉄道路線が掲載されている。〈昭和初期・提供＝滋賀県立図書館〉

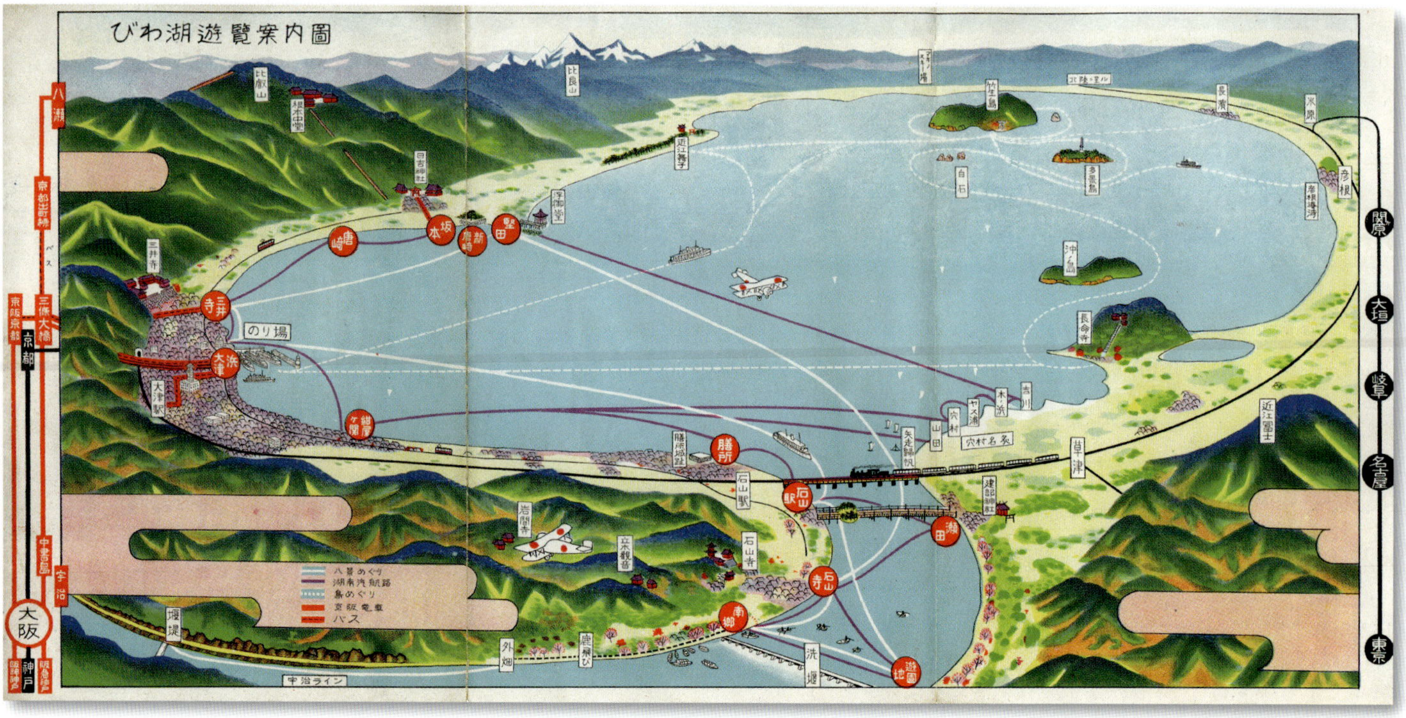

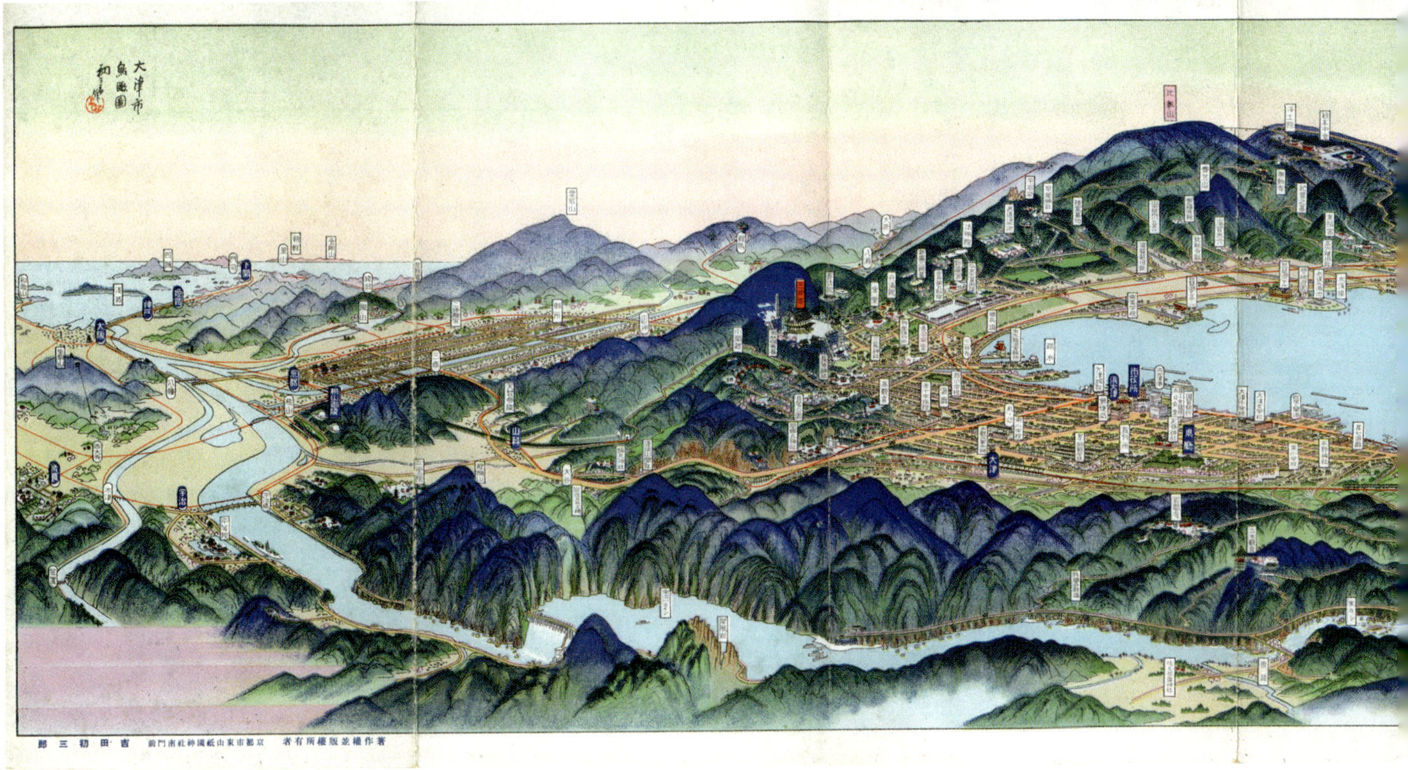

▲**江若《こうじゃく》鉄道路線案内図**　江若鉄道は大正10年に三井寺下～叡山間で開業。その後少しずつ北に延伸し、昭和6年には近江今津までが開業した。この案内図は同社が発行したもので、新浜大津（のちの浜大津）から大溝（のちの高島町）までが実線で、この時点では建設中だった大溝以北は破線で描かれ、実際には建設されなかった今津から福井県三宅村（現若狭町）までの路線も見える。〈昭和4年頃・提供＝滋賀県立図書館〉

▲**丸屋町商店街**　商店街の中ほどから東を望む。左手前は畑中金物店。写真には写っていないが、その手前に文泉堂書店があった（現大津百町館）。右手前は大津っ子御用達だったおもちゃ屋のツタヤで、店先に子ども用の自転車が何台も停まっている。〈中央・昭和 50 年・提供＝丸屋町商店街振興組合〉

▲**アーケードの起工式**　丸屋町商店街、アーケードの東端にて。写真に見えるアーケードは、昭和 37 年、市内では菱屋町商店街に次いで建設された。同 50 年にアーケードを建て直し、道路をカラー舗装することとなり、神職を招き安全祈願が行われた。〈中央・昭和 50 年・提供＝丸屋町商店街振興組合〉

◀**菱屋町商店街の東入口**　電車道から見た商店街の入口。この年、菱屋町商店街に西友大津店が開店。現在では当たり前となった大型スーパーマーケットのさきがけだった。西友は平成 27 年に閉店、現在はフレンドマート大津なかまち店となっている。写真中央はイマホリ百貨店。〈長等・昭和 50 年・提供＝菱屋町商店街振興組合〉

**▶商店街での阿波踊り**　丸屋町、菱屋町、長等連合の「ナカマチ商店街」が夏季に行っていたイベント、阿波踊りのようす。各商店街や市民の列は、はるばる本場徳島から招聘した踊り子の後に続いた。〈長等・昭和51年・提供＝菱屋町商店街振興組合〉

**◀長等《ながら》商店街**　「ナカマチ商店街」が企画した「全国チンドンヤ大会」の行列が、丸屋町、菱屋町を通り、長等商店街を行進するようす。写真は村上世今堂前あたりから西を望んだもの。精肉店の三共（現元三フード）の文字が目を引く。〈長等・昭和45年・提供＝長等商店街振興組合〉

**▶大津市制60周年記念パレード**
昭和33年10月、市制60周年の記念式典が挙行された。それからさらに60年後の平成30年は市制120周年にあたる。背景は、式典の会場となった皇子山体育館で、現在の皇子山総合運動公園の場所にあった。戦後、一帯はキャンプ大津A地区として占領軍に接収されており、33年はちょうどその返還の年であった。〈御陵町・昭和33年・撮影＝西村榮次郎氏、提供＝大津市歴史博物館〉

◀**滋賀県庁舎本館玄関前** 県庁舎本館は昭和14年の竣工。その後、業務の拡大とともに、いくつもの別館が近隣に建設されたが、本館は現在も使われている。親子が戯れる玄関前の噴水は同40年に設置された。右端には琵琶湖の水位を示す電光掲示板が見える。〈京町・昭和40年・提供＝安井憲子氏〉

▶**滋賀会館** 昭和29年、県庁舎本館の北に開館。大ホールや県立図書館、結婚式場、映画館が入る複合施設で、同様の文化施設が少なかった当時、大津のたいていの催事はここで行われた。老朽化により平成25年に閉鎖、その後取り壊された。跡地にはNHK大津放送局が移転する予定である。〈京町・昭和30年代・撮影＝西村榮次郎氏、提供＝大津市歴史博物館〉

◀**大津港** 停泊しているなかでひときわ大きな船は玻璃《はり》丸。優美な形から「琵琶湖の女王」と称され、琵琶湖観光の主役として活躍した。手前の建設中の道は現在の湖岸道路である。遠景には競艇場のスタンドが見える。〈浜町〜浜大津・昭和31年・撮影＝西村榮次郎氏、提供＝大津市歴史博物館〉

**▼琵琶湖疏水の大津閘門《こうもん》**　琵琶湖の水を京都へ通水し、発電、灌漑《かんがい》などの目的で使用するため、明治18年に琵琶湖疏水の建設が始まり、同23年に竣工した。完成後、疏水は舟運にも利用されたが、水量を一定に保ち、船舶が航行できるように調節をしたのが大津閘門である。〈大門通・昭和48年・提供＝京都市上下水道局〉

**▲琵琶湖文化館**　昭和36年、打出浜の湖上に竣工。「観光文化館」として、博物館、美術館、水族館、展望台を備えて開館した総合施設。琵琶湖に浮かぶ、頂にトンボのオブジェが付いた城郭風の建物は注目を集めた。平成20年から休館中である。〈打出浜・昭和39年・提供＝安井憲子氏〉

**▶琵琶湖大橋**　現在の道の駅「びわ湖大橋米プラザ」付近からの撮影。琵琶湖の東西を結ぶ橋梁建設の動きは昭和30年代に活発化する。同37年に起工、東京オリンピックに間に合わせるために急ピッチで工事が進められ、オリンピック開催直前の39年9月27日に開通式が行われた。架橋当時は「観光名所」になり、多くの人びとが見物に訪れた。〈今堅田・昭和39年・提供＝安井憲子氏〉

**▲石山寺港**　瀬田川西岸、石山寺の近くにある船着場。現在は、外輪汽船「一番丸」の瀬田川リバークルーズで利用されている。〈石山寺・昭和45年頃・提供＝安井憲子氏〉

**▼比叡山ドライブウェイ**　開通当時のようすを伝える彩色絵はがき。比叡山ドライブウェイは、京阪電鉄による比叡山開発のひとつとして昭和33年に開通。モータリゼーションの進展にともない、マイカーで山頂まで訪れる人は激増した。左奥に見えるのは比叡山国際ホテル、右奥に村野藤吾設計の回転展望閣が見える。ともに同34年の開業である。〈山中町～京都市左京区・昭和30年代・提供＝滋賀県立図書館〉

**▼比叡山回転展望閣**　昭和34年、比叡山頂遊園地の施設として完成。円柱に笠をかぶせたような特徴的な形で、最上階は全面ガラス張りでゆっくり回転し、360度の眺望を楽しめた。遊園地は平成12年に閉園、現在は「ガーデンミュージアム比叡」の展望台となっているが、回転はしていない。〈京都市左京区・昭和30年代・提供＝滋賀県立図書館〉

**▶埋め立て前のにおの浜**　浜大津から膳所《ぜぜ》にかけての湖岸は、昭和30年代中ごろから順次埋め立てられた。写真の場所は現在のにおの浜で、商業施設や企業、マンションが建ち並ぶ。遠くに小さく琵琶湖文化館が見える。〈におの浜・昭和39年・提供＝安井憲子氏〉

**◀びわこ大博覧会①**　昭和43年、市制70周年、県政100周年の記念行事として、打出浜先の埋立地（現におの浜）で「びわこ大博覧会」が開催された。会期は9月23日から11月10日まで。写真は遠足で訪れた晴嵐小学校の児童たち。背後に数々のパビリオンが写っている。〈におの浜・昭和43年・提供＝前田浩史氏〉

**▶びわこ大博覧会②**　博覧会は、49日間の会期で約98万5,000人の入場客があった。写真は会場内を流れていた「虹の運河」を渡る橋でのスナップで、奥にパビリオンのひとつ「東芝エスパー館」が見える。〈におの浜・昭和43年・提供＝安井憲子氏〉

▲**京阪レークセンターのパノラマプール**　京阪レークセンターは、現在の浜大津アーカス、琵琶湖ホテルの場所にあった複合レジャー施設で、昭和 41 年に開業した。琵琶湖を望むパノラマプールは人気を集め、ボウリング場や水上飛行機乗り場もあった。平成に入り客足が減少、閉鎖後に再開発された。〈浜町・昭和 46 年・提供＝山本光晴氏〉

▲▶**瀬田駅の開業**　上写真は駅前に設けられた祝賀アーチ、右写真は大混雑の駅舎。昭和 44 年に開設された瀬田駅は、地元がその建設費用を負担した。明治期以来の地元からの開設の要望に応え、国鉄が東海道本線の複々線化に合わせて開業した。これ以降、周辺地域は急速に都市化された。〈大萱・昭和 44 年・提供＝上／南大萱会館資料室、右／東レ〉

▲▼**江若《こうじゃく》鉄道の最終列車**　上写真は浜大津駅、下写真は三井寺下駅で撮影されたものである。江若鉄道は大正10年に三井寺下～叡山間で開業。近江と若狭を結ぶ目的で設立されたが、それは果たせず、昭和6年に開業した近江今津（現高島市）が最北の駅となった。湖西地域の貴重な交通手段として活躍したが、同44年に惜しまれつつ廃線。用地は売却され国鉄湖西線が建設された。〈上／浜大津、下／大門通・昭和44年・提供＝川崎昭吾氏〉

**◀大津駅前で手を振る皇太子夫妻**
昭和59年8月27日、市民会館、滋賀会館などで開催された第1回世界湖沼会議の開会式に臨席のため、大津を来訪された皇太子（今上天皇）夫妻。写真は大津駅前で、集まった市民に応えるようす。このときの日程では、前日に開館したばかりの県立近代美術館（現在休館中）も視察された。〈春日町・昭和59年・提供＝高嶋貴子氏〉

**▶滋賀大学教育学部附属小学校・幼稚園の運動会**　同校は昭和40年に、大津駅前の東浦校舎（現末広町）から現在地の錦校舎（昭和町）へ移転した。写真は運動会の一景で、当時は小学校と幼稚園が合同で行っていた。〈昭和町・昭和43年・提供＝安井憲子氏〉

**◀志賀町立和邇《わに》幼稚園の運動会**
楽しい運動会のようす。園児と保護者が輪になって踊っている。奥に見えるのは和邇小学校の体育館と校舎。和邇幼稚園は平成12年に志賀南幼稚園新設にともない閉園となった。〈和邇中・昭和49年・提供＝大道裕子氏〉

**▶びわこ国体の炬《きょ》火《か》リレー**　第36回国民体育大会の夏季、秋季大会は滋賀県で行われ、「びわこ国体」と呼ばれた。写真は炬火リレーのようすで、高島町（現高島市）の中継地点から炎を受け継ぎ、国道161号を南に向かっている。ランナーは志賀町立小松小学校の6年生男子。校内最速のため選出されたという。〈北小松・昭和56年・提供＝西村洋子氏〉

**▲▶びわこ国体開催に沸く**　上写真は市役所前から皇子山総合運動公園を見たもの。右写真は陸上競技場での開会式のようす。大津市内では、漕艇、ヨットなどの水上競技のほか、陸上、バスケットボール、自転車、バドミントン、高校野球（硬式）などの競技が行われた。〈御陵町・昭和56年・上／提供＝清水弥一郎氏、右／提供＝滋賀県〉

**▲建部大社の船幸祭**　大津の三大祭りのひとつに数えられる船幸祭は、毎年8月17日に挙行される。写真は、境内から瀬田浜に運ばれてきた大神輿。この後、神輿を載せた御座船を先頭にした船団が、4キロ下流の御旅所まで瀬田川を渡御する。〈瀬田・昭和56年・撮影＝前野隆資氏、提供＝滋賀県立琵琶湖博物館〉

**▲鳥居川御霊《ごりょう》神社の例祭①**　大津市内には4つの御霊神社が鎮座するが、そのうち南郷を除く3つが、壬申の乱で敗れた大友皇子を祀るものである。鳥居川町の御霊神社の地は、大友皇子がその命を絶った場所といわれている。〈鳥居川町・昭和54年・撮影＝前野隆資氏、提供＝滋賀県立琵琶湖博物館〉

**◀鳥居川御霊神社の例祭②**　例祭は毎年5月5日。写真は、石山商店街を神輿が巡行するようす。撮影からおよそ40年が経ち、現在、町並みは大きく変貌している。〈栄町・昭和54年・撮影＝前野隆資氏、提供＝滋賀県立琵琶湖博物館〉

**▶大萱《おおがや》での戦没者慰霊祭**　現在の大萱２丁目と３丁目の間を走る旧東山道を、６色の仏旗を掲げ南に向かう戦没者慰霊祭の行列。行列はこの後、現瀬田駅南西、戦没者の慰霊碑がある西野墓地へ向かう。慰霊祭はいまも行われている。〈大萱・昭和 30 年代・提供＝南大萱会館資料室〉

**▼平野神社の例祭**　平野神社は、社伝によると、近江大津宮遷都のころからの歴史を持つ。蹴鞠《けまり》の守護神・猿田彦を祀り、毎年８月には蹴鞠奉納祭が行われることでも知られる。写真は５月５日の例祭のようすで、膳所駅の西付近。氏子の馬場南町の子どもたちが子ども神輿を曳いている。〈馬場・昭和 47 年頃・提供＝吉村有紀子氏〉

**▶早尾神社の例祭**　毎年５月 10 日の例祭の一景で、昭和 49 年に開業した湖西線沿いの道を渡御する神輿。早尾神社の氏子地区は山上、尾花川、別所、皇子が丘。神輿はもとは１基のみだったが、戦後、各地区が持つようになった。本来のものはいまも山上地区が受け継いでいる。〈山上町・昭和 53 年・提供＝清水弥一郎氏〉

◀**「十八夜」の盆踊り**　8月12日の夜、和邇中の天皇神社で行われる盆踊りを「十二夜」、18日の夜に小野の花達院前で行われるものを「十八夜」と呼び、小野の青年団が企画して昭和30年代に始まった。櫓《やぐら》の上に音頭取りが4人上がり、その周りを踊り手が囲み、江州《ごうしゅう》音頭で踊った。その後、映画会やカラオケ大会なども行われたが衰退。現在、地区の盆踊りは、「ふれあい志賀夏まつり」の催しのひとつとして和邇市民運動広場で続けられている。〈小野・昭和42年頃・提供＝大道裕子氏〉

▶**テレビのある茶の間**　昭和28年2月1日、NHKが東京でテレビの本放送を開始。それからわずか11年後、東京オリンピックが開催された同39年に、テレビ普及率は90パーセント近くとなり、経済成長にともなって急速に広まった。写真のテレビは、新しもの好きの父が近所で一番に購入したという。東京オリンピック開会式の映像が流れている。〈木下町・昭和39年・提供＝安井憲子氏〉

◀**クリスマスのお祝い**　昭和40年代までは、一般家庭でケーキを食べることは現在よりずっと少なく、子どもの誕生日かクリスマスくらいであった。少し緊張した顔で、お母さんと一緒にケーキに包丁を入れる女の子。ほほえましい昭和の家庭のワンシーンである。当時のケーキはバタークリームが主流だったが、写真のものはどうだろうか。〈木下町・昭和42年・提供＝安井憲子氏〉

# 序

監修・執筆　白木正俊
（京都大学大学院文学研究科講師）

今年もついに師走をむかえた。三十年間を超えることが確実視される長かった「平成」も、残すところ半年も経ずして終わろうとしている。しかし、この三十年間を振り返った時、私たちを取り囲む環境には、意外にも「平成」に起源を持つものが少ないことに気付く。

確かに「平成」において、手仕事や手作りを中心としたアナログの物作りの世界は後退し、パソコン、スマートフォンとインターネットを中心としたデジタルの情報の世界が主流となった。急速に発達したこれらのメディアは、情報の収集処理において私たちの生活や仕事を便利にしたばかりか、私たちは大幅にこれらに依存せざるをえなくなった。そして、今や次のＡＩの時代の到来は不可避である。

しかし、このように情報技術が急速に発達したにもかかわらず、日常生活の基盤となっている社会資本（住宅、道路、自動車、電車、水道、ガス、電気など）については、「昭和」を起源にするものが圧倒的に多い。それは「平成」に比して、「昭和」を冠した通り名、地名、校名、社名などが多いことに象徴されている。それほどまでに、「昭和」が持った意味は、「平成」のそれよりも重い。

本書が対象とした大津もその例外ではない。「昭和」の前半において、政治、商業、文化の中心は浜大津を核とする「大津百町」にあり、滋賀、栗太両郡の町村の多くは農村や山村、漁村であった。石山、堅田、瀬田に大型の繊維工場が進出し、別所から坂本にかけては軍隊が駐屯していた。この地域構造が、戦争と高度経済成長を経て、交通網が発達し、人口が増加したことにより大いに変貌した。「昭和」の後半において、政治、文化の中心は軍隊跡地の別所、商業の中心は、昭和五十年代までは「大津百町」の商店街が繁華になるものの、六十年代以降は駅前や郊外の大型商業施設に各々移動した。「大津百町」に集中していた人口は、農村部の大江、南郷、坂本、仰木、真野、小野、和邇などに生まれた新興住宅地に重心が移り、湖岸の埋め立てが進んだにもかかわらず「大津百町」は空洞化した。全国的な繊維産業の衰退により石山、堅田、瀬田の繊維工場部門は縮小傾向にある。こうした大津の町の構造は、三十年前の昭和末期も現在も本質的に大きな変わりはない。

本書は、このような「昭和」における大津の町の構造的変化を、写真を手がかりに理解することを目的に置いている。それは「昭和」を経験した三十歳代以上の世代が、昔を思い出し、懐古に浸るためだけのものではない。「平成」が終わろうとしている現在、「昭和」に何が生まれ、何が失われたのかを、写真が表現している同時代の精神も含めて再確認し、次世代に伝えることにもある。少し重いかもしれないが、本書を手に、かつて自身が活躍した写真の場所に赴き、「昭和」を経験していない三十歳代以下の子、孫、曾孫の世代とともに、経験した思いを語り、対話していただくことを何よりも願う。

目次

2ページ写真
右：上空から見た大門通〈大門通・昭和20年代・提供＝川村京子氏〉
中：できたばかりの県営神領団地〈三大寺・昭和39年・提供＝平木智子氏〉
左：びわこ大博覧会のステージ〈におの浜・昭和43年・提供＝松浦すみ江氏〉
3ページ写真
右：開通直前の瀬田川大橋にて〈瀬田・昭和34年・提供＝池田俊男氏〉
中：瀬田小学校の屋上で〈大江・昭和37年頃・提供＝鎌田康子氏〉
左：丸屋町商店街アーケード新装の日〈中央・昭和50年・提供＝丸屋町商店街振興組合〉

## 大津市の地理・交通

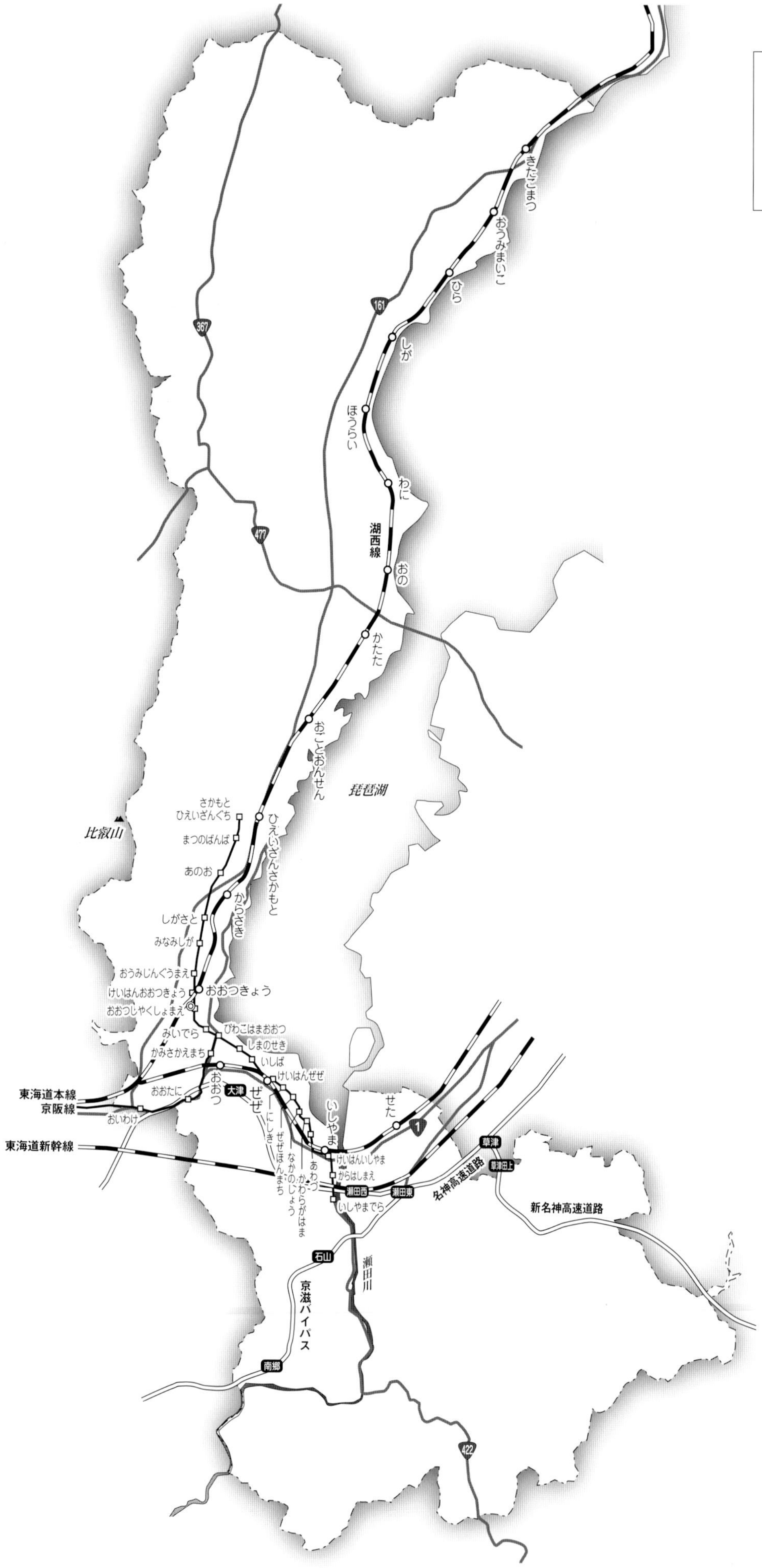


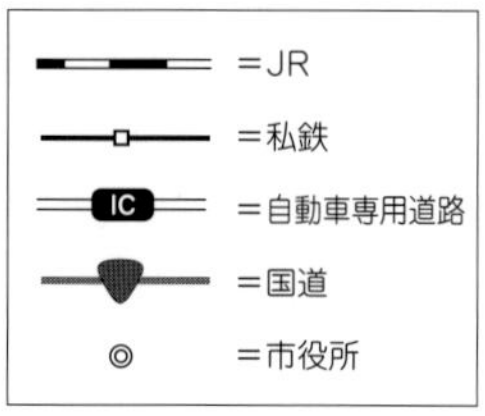


## 市域の拡大

# 大津市の昭和略年表

| 年代 | 大津市内のできごと | 周辺地域、全国のできごと |
| --- | --- | --- |
| 大正15年／昭和元年（1926） | 東洋レーヨン滋賀工場の設置認可下りる | 大正天皇崩御、昭和と改元 |
| 昭和 2年（1927） | 栗太郡瀬田村が町制施行／坂本ケーブル開業／大津電車軌道と太湖汽船が合併、琵琶湖鉄道汽船発足／琵琶湖鉄道汽船、石山～坂本間（現石山坂本線）全通／江若鉄道雄松～北小松間、北小松～大溝間開業 | 昭和金融恐慌発生 |
| 昭和 3年（1928） | 橋本町に市役所新庁舎完成 | 普通選挙法による最初の衆議院議員選挙実施（成人男子のみ） |
| 昭和 4年（1929） | 京阪電鉄が琵琶湖鉄道汽船を合併、石山～坂本間を継承 | 世界恐慌発生 |
| 昭和 5年（1930） | 市水道の通水式／滋賀郡石山村が町制施行 | |
| 昭和 6年（1931） | 近江舞子水泳場開設 | 満州事変勃発 |
| 昭和 7年（1932） | 滋賀郡滋賀村を編入 | 五・一五事件 |
| 昭和 8年（1933） | 滋賀郡膳所町・石山町と合併、新たに大津市発足 | 日本が国際連盟を脱退 |
| 昭和 9年（1934） | 室戸台風により大きな被害／琵琶湖ホテル開業／大津公会堂竣工 | |
| 昭和10年（1935） | 天虎飛行研究所開設／第1回びわ湖まつり開催 | |
| 昭和11年（1936） | | 二・二六事件 |
| 昭和12年（1937） | 浮御堂再建／市内各地で南京陥落祝賀行事開催／武徳殿竣工 | 盧溝橋事件発生、日中戦争に突入／防空法施行 |
| 昭和13年（1938） | 東洋レーヨン瀬田工場完成 | 国家総動員法施行 |
| 昭和14年（1939） | 瀬田工業学校開校／滋賀県庁舎本館竣工 | 警防団設置 |
| 昭和15年（1940） | 近江神宮創建 | 全国で紀元二千六百年記念祝賀行事が開催／大政翼賛会発足 |
| 昭和16年（1941） | 大津連隊区司令部設置 | 尋常小学校が国民学校と改称／太平洋戦争開戦 |
| 昭和17年（1942） | 大津海軍航空隊発足 | 三大婦人会が統合され大日本婦人会発足／ミッドウェー海戦 |
| 昭和18年（1943） | 県立図書館開館／大津陸軍少年飛行兵学校開校 | 各地で出陣学徒壮行会開催 |
| 昭和19年（1944） | 滋賀海軍航空隊発足 | 学童疎開開始／学徒勤労令、女子挺身勤労令公布 |
| 昭和20年（1945） | 7月、市内に空襲／10月、占領軍が大津に進駐 | 全国で空襲激化／広島、長崎に原爆投下／太平洋戦争終結 |
| 昭和22年（1947） | 戦後初の市長選／大津公民館開館 | 新学制実施／日本国憲法施行 |
| 昭和24年（1949） | 滋賀大学開学、市内に学芸学部設置 | 下山事件、三鷹事件、松川事件発生 |
| 昭和25年（1950） | 逢坂小学校が文部省の建築モデルスクールに指定／大津びわこ競輪開設 | 朝鮮戦争勃発、特需による経済復興／警察予備隊設置 |
| 昭和26年（1951） | 滋賀郡坂本村・雄琴村・下阪本村、栗太郡大石村・下田上村を編入／観光船「玻璃丸」就航 | サンフランシスコ講和条約、日米安全保障条約調印 |
| 昭和27年（1952） | 琵琶湖競艇開設 | 講和条約発効、主権回復／警察予備隊が保安隊に改組 |
| 昭和28年（1953） | | NHKがテレビ本放送を開始／奄美群島が本土復帰 |
| 昭和29年（1954） | 滋賀会館開館 | 保安隊が自衛隊に改組 |
| 昭和30年（1955） | 滋賀郡堅田町・仰木村・真野村・伊香立村・葛川村が合併、新たに堅田町発足／滋賀郡和邇村・木戸村・小松村が合併、志賀町発足 | 神武景気の始まり |
| 昭和31年（1956） | 志賀町鵜川が高島郡高島町に編入 | 経済白書に「もはや戦後ではない」と記載 |
| 昭和32年（1957） | | 五千円紙幣、百円硬貨発行 |
| 昭和33年（1958） | 比叡山ドライブウェイ開通／湖岸道路開通／占領軍キャンプ大津A地区の返還開始 | 岩戸景気の始まり／東京タワー完成 |
| 昭和34年（1959） | 瀬田川大橋開通／占領軍キャンプ大津B地区に自衛隊移駐 | 皇太子ご成婚／伊勢湾台風来襲 |
| 昭和35年（1960） | | 新安保条約調印／安保闘争／岸内閣総辞職 |
| 昭和36年（1961） | 県立琵琶湖文化館開館／国立ユースホステルセンター開館 | 第二室戸台風来襲 |
| 昭和38年（1963） | 名神高速道路大津インターチェンジ・サービスエリア開業 | 名神高速道路栗東～尼崎間開通 |
| 昭和39年（1964） | 琵琶湖大橋開通 | 東海道新幹線開業／東京オリンピック開催 |
| 昭和41年（1966） | 京阪レークセンター開業 | 日本の総人口1億人突破／ビートルズ来日 |
| 昭和42年（1967） | 市役所庁舎、御陵町に移転／滋賀郡堅田町、栗太郡瀬田町を編入／びわ湖タワー開業 | |
| 昭和43年（1968） | びわこ大博覧会開催 | 三億円事件発生 |
| 昭和44年（1969） | 国鉄瀬田駅開業／江若鉄道廃止 | 東名高速道路全通 |
| 昭和45年（1970） | | 大阪・吹田丘陵で日本万国博覧会開催 |
| 昭和47年（1972） | | 札幌冬季オリンピック開催／沖縄が本土復帰 |
| 昭和48年（1973） | | 第一次石油ショック |
| 昭和49年（1974） | 国鉄湖西線開通／近江大橋開通 | |
| 昭和50年（1975） | 国鉄大津駅新駅舎完成 | ベトナム戦争終結 |
| 昭和52年（1977） | 琵琶湖に赤潮発生 | |
| 昭和54年（1979） | 瀬田唐橋改築工事竣工 | 第二次石油ショック／東京サミット開催 |
| 昭和56年（1981） | 京阪浜大津総合ターミナル竣工／中央大通開通 | 中国残留孤児来日／ヤンバルクイナ発見 |
| 昭和61年（1986） | 湖西道路志賀～仰木雄琴間開通 | |
| 昭和62年（1987） | | 国鉄民営化／この頃からバブル景気へ突入 |
| 昭和63年（1988） | 京滋バイパス瀬田東～巨椋間開通 | 青函トンネル、瀬戸大橋開業 |
| 昭和64年／平成元年（1989） | | 昭和天皇崩御、平成と改元 |

# 監修・執筆者／凡例

（敬称略）


■監修・執筆

白木《しらき》 正俊《まさとし》

（京都大学大学院文学研究科講師）


## 凡例

一、本書は、滋賀県大津市内で撮影された、おもに昭和時代の写真を、テーマごとに分類して収録したものである。

二、写真解説には末尾に〈　〉を付し、原則として撮影地の現在の地名（町名まで）、撮影年代、提供者名を表記した。例外として、航空写真や俯瞰撮影など、撮影地点が広範囲にわたる場合や、水面上での撮影は表記を割愛し、撮影地が不確かな場合は「大津市内」の表記のみにとどめた場合がある。

三、解説文中の固有名詞や地名は、写真撮影当時に一般的だった呼称を使用し、現在使用されていない名称や地名には、適宜（　）内に平成三十年十一月現在の呼称を表記した。

四、用字用語は、原則として一般的な表記に統一したが、執筆者の見解によるものもある。

五、文中の人名は原則として敬称略とした。

▼聖母幼稚園の懐かしい園舎〈馬場・昭和41年・提供＝高嶋貴子氏〉

# 1 昭和の原風景

市域東側の約三分の二が琵琶湖に接し、東側には比叡山や比良山系の山並みを擁する大津市は、古く六六七年に天智天皇が近江大津宮を置いて歴史の表舞台に登場して以降、政治の要地や信仰の地として、また、それらを巡る争いの舞台として、歴史的な景観を積み上げてきた都市といえる。

明治二十二年の町村制で発足した大津町が同三十一年に市制施行し大津市となり、昭和に入ると、昭和七年に滋賀村、同八年に膳所《ぜぜ》町、石山町と相次いで合併して「大大津市《だいおおつし》」が実現することになった。大大津市とは昭和三年に大津市が「都市計画指定都市」となったことから構想された都市計画であった。

一方で、大津ならではの地理的条件と重層的な歴史遺産や景観を活かした都市像として、大津市は「遊覧都市」構想を定め、交通網や湖岸の埋立地利用など都市基盤の整備を図っていった。これは、第一次世界大戦後の慢性的な不況対策として、政府の経済審議会が策定した外国人観光客の誘致策に応えたものでもあった。昭和九年、その象徴として和風三階建ての琵琶湖ホテルが建築された。同ホテルは、その優雅な桃山様式の外観にもかかわらず、すべての客室とスイートルームに洗面所、洋式トイレ、洋式バス、暖房器具などを備えていた。欧米人が宿泊することを前提として設計されていたのである。

また、大正末から昭和初期にかけて、当地域は工場進出が相次ぎ、昭和レーヨンの工場が建設された堅田《かたた》や、東洋レーヨン滋賀工場が進出した石山などの地区では人口が急増して新たな商店街が出現した。

昭和三年、市の三大事業のひとつに位置づけられていた大津市役所が橋本町に竣工、時計塔が聳《そび》えるその庁舎は大大津市構想推進を象徴する建築で、周囲に建ち並ぶ日本勧業銀行大津支店、朝日生命保険や滋賀銀行とともに近代的な都市景観を形成した。

こうして昭和初期の大津は、「大大津市」「遊覧都市」を構想して発展を見せていたが、本章に収録された堅田の北部、真野川左岸一帯や瀬田川上流付近の写真には、未開拓の敷地が広がる景色が写り、坂本ケーブルで登った比叡山からは、雄大な琵琶湖が変わらぬ姿を見せている。

**▲市役所前を行く稚児行列**　奥に見える時計塔がそびえる建物は、昭和３年10月に橋本町に竣工した大津市役所。右奥の大壁の建物は日本勧業銀行（現みずほ銀行）大津支店である。浜町交差点から南に延びる駅前通での撮影で、右側に建ち並ぶ２階建ての甍《いらか》の町並みは、代書屋、魚釣道具屋、薬屋などの商店と歯科医院。びわ湖まつりを祝い、日傘をさした女性に付き添われ、稚児衣装をまとった女児が行列をなして行進し、そのようすを見物する人びとで賑わっている。〈中央～浜大津・昭和12年・提供＝大津商工会議所〉

**▲浜大津の市街地**　三井寺から東を向き、浜大津方面を眺めている。琵琶湖を背後に、中央に見える尖塔形の建物は大津市役所である。その周辺は朝日生命保険、滋賀銀行、日本勧業銀行などのビルが建ち並ぶ経済の中心地であるが、町並み全体は低層の日本家屋から形成されていることがうかがえる。〈昭和10年前後・提供＝滋賀県立図書館〉

**▼浜大津港に停泊中のみどり丸と京阪丸**　浜大津港の桟橋に、琵琶湖周遊の遊覧船のみどり丸（左）と京阪丸（右）が並んで停泊している。みどり丸は、琵琶湖鉄道汽船が大正11年に建造した船である。戦前に琵琶湖に浮かんだ最大の船で、豪華な設備やさまざまなサービスが売りであった。一方、京阪丸は京阪電鉄系列の湖南汽船が昭和3年に建造した大型遊覧船で、速力ではみどり丸を上回っていた。左に江若鉄道の浜大津駅が見える。〈浜大津・昭和10年代・提供＝滋賀県立図書館〉

**▲小唐橋町あたりの京町通**　小唐橋町、現在の京町2丁目と中央2丁目の間あたりから西を向いて京町通（東海道）の家並みを望む。未舗装の京町通の両側には鈴蘭灯が一直線に並び、町並みに統一感を与えるとともに、消火栓が配備されていることがうかがえる。通りの南側に薬屋、新聞販売店、書店、北側に雑貨店、呉服布団蚊帳店、麻雀店が並ぶ。書店前には雑誌『主婦の友』を宣伝する幟《のぼり》が立つ。鈴蘭灯は戦時中の金属供出のため撤去された。〈中央・昭和10年前後・提供＝大津商工会議所〉

**▶北馬場町あたりの京町通**　京町通（東海道）、北馬場町あたりから東を望む。この写真でも消火栓が配備されていることがわかる。雨上がりの水溜まりが点在する未舗装の道路を、学帽を被りランドセルを背負った男児2人が歩いている。2人とも足にはゲートルを巻き、左の男児は高下駄を履いている。〈馬場・昭和7年頃・提供＝山森恵美子氏〉

**▲早朝の菱屋町商店街**　西を望む。日除けのアーケードが設置されているが、テント地の布が取り払われ、骨が剥き出しになっている。下からロープを引くと布が広がる仕組みになっていた。通りの左に洋服店、時計店、靴店、右側に文具店、時計店が建ち並ぶ。双方の時計店の軒先には、多くの自転車が停まり、通行人によく見えるように時計が設置されている。〈長等・昭和10年代・提供＝滋賀県立図書館〉

**◀松田常盤堂の店先**　膳所《ぜぜ》神社の門前通りと東海道が交差する位置に店を構える菓子店・松田常盤堂。夜間の店先のショーケースを電灯が照らしている。現在、同店は「いちご大福」で有名だが、軒先の看板から、当時は森永製菓の菓子も販売していたことがわかる。〈本丸町・昭和10年・提供＝吉村有紀子氏〉

**▶両徳町の商家の玄関**　両徳町（現松本1丁目）の弁護士・滋賀房次宅の玄関で、浴衣姿でくつろぐ家族。手前の道は中町通で、2階には商家特有の格子状の虫籠《むしこ》窓が見える。〈松本・昭和10年・提供＝伊藤星津子氏〉

**▲浜大津駅前**　御蔵町（現浜大津2丁目）から北を向き、浜大津駅前を望む。手前には京都の三条京阪に向かう京津線の車両があり、その手前の瓦屋根は飲食店。中央奥には昭和3年に移設された江若《こうじゃく》鉄道の浜大津駅、その左側には太湖汽船（現琵琶湖汽船）本社、右側には石山坂本線（石坂線）の乗り場が見える。〈浜大津・昭和10年代後半・提供＝大津市歴史博物館〉

**▲浜大津駅前の突抜《つきぬけ》**　浜大津駅前から南を向いて突抜（電車道）を望む。京津線の浜大津駅から乗車するには人が多すぎるため、隣りの札の辻駅から乗車しようと、長蛇の列をなして並んでいる人びと。そのため「順序よく一列に願ひます」と記した看板が通りの中央に立てられている。このころ、浜大津～上栄町間の道路の中央には、架線を引くためのセンターポールが建っていた。〈浜大津・昭和19年頃・提供＝琵琶湖汽船〉

**▼札の辻駅から電車に乗り込む人びと**　長蛇の列をなした人びとが、京津線の札の辻駅から三条京阪行の電車に乗り込んでいる。道路に自動車は見えず、通行が制限されているなかを、乗務員と警備員がロープで規制線を張り、隊列が崩れないよう誘導している。〈中央～長等・昭和19年頃・提供＝琵琶湖汽船〉

**▶江若鉄道の浜大津駅**　江若鉄道の最初の開通は、大正10年の三井寺下～叡山間であるが、三井寺下～浜大津間に延伸されたのは同14年のことである。当初、乗り場は現在の明日都浜大津の位置に設置されたが、昭和3年に約100メートル東の浜大津駅（貨物駅）の敷地を借り受け移転開業した。同所は京阪浜大津駅や観光船乗り場が集中する場所にあたるため、賑わいを見せていた。写真では入口の看板はまだ掲げられず、小さな植樹に「下坂本 堅田 真野 和邇方面行き」と記された看板が立てかけられている。〈浜大津・昭和3年頃・提供＝大津商工会議所〉

**▲東海道本線の大津駅前①**　駅前から南東を向いて駅舎を望む。東海道本線の輸送力を向上させるため、大正3年12月31日から京都～大津間の急勾配を緩和する路線の付け替え工事が開始され、同10年8月1日に完成した。これにともない新たに写真の大津駅が新設された。駅前にはバスが停車しているが、大津駅から浜大津行と膳所行の乗合自動車（バス）が開業したのは昭和7年のことである。〈春日町・昭和10年前後・提供＝大津商工会議所〉

▲**東海道本線の大津駅前②**　駅前から西を望む。ひときわ高いポールに照明が取り付けられている。奥には大津の地図を記した案内板が設置され、周囲に飲食店と思われる店舗が建ち並んでいるのがわかる。このころの1日の乗降車の平均人員は3,500人強であった。〈春日町・昭和10年前後・提供＝大津商工会議所〉

◀**滋賀県庁の正門**　明治21年6月に園城寺境内の円満院から東浦村（現京町3丁目）に新築移転した滋賀県庁の正門を、南を向いて撮影した写真である。県庁は小原益知が設計した煉瓦造2階建ての洋風建築で、中央の上階を正庁とし、西側に警察部、東側に議事堂が設置された。〈京町・昭和初期・提供＝大津商工会議所〉

**▲改築された滋賀県庁舎本館**　昭和14年5月に現京町4丁目に完成した滋賀県庁舎本館。軍需施設や軍需産業以外に鉄材の使用が認められなくなる当時にあって、かろうじて必要な鉄材を確保して完成した。設計者は佐藤功一と國枝博で、塔屋を冠した戦前最後の鉄筋コンクリート造4階建ての大建築であった。1階には職員のために食堂がふたつ設けられた。正面には時局を反映し「堅忍不抜」「挙国一致」を記した垂れ幕がかかっている。〈京町・昭和14年・提供＝滋賀県立図書館〉

**▶大津地方裁判所**　明治37年に四宮町（現京町3丁目）に新築した。もともと同23年12月に東浦村（現京町4丁目）に設置され、翌24年5月27日から大審院（現在の最高裁判所）が同所に一時的に置かれ、大津事件（津田三蔵がロシア皇太子ニコライを負傷させた事件）の裁判が開かれた。〈京町・昭和初期・提供＝大津商工会議所〉

**◀三井寺（園城寺）の鐘楼**　三井寺金堂南西側から東を望む。左に金堂、右奥に鐘楼が見える。鐘楼は重要文化財で、「三井の晩鐘」で知られる慶長７年（1602）鋳造の梵鐘を吊っている。この梵鐘は、平等院、神護寺の鐘とともに日本三名鐘に数えられている。〈園城寺町・昭和初期・提供＝大津商工会議所〉

**▼拡幅舗装された京津国道の逢坂山峠**　逢坂山峠から西、京都の方向を向いて拡幅舗装された京津国道を見下ろす。拡幅のため削られた逢坂山の斜面は堅固な石垣で補強され、電柱が並ぶ。アスファルト舗装された道路をトラックが登っていく。写真右のさらに低く掘り下げられた線路は京阪電鉄京津線の軌道である。京津国道の拡幅舗装工事は内務省大阪土木出張所京津国道改良事務所により実施され、昭和８年３月に完成した。この舗装により京都〜大津間の自動車での輸送が容易になった。〈大谷町・昭和８年頃・提供＝大津商工会議所〉

**▲長等公園**　明治41年、大津市初の都市公園として開設された。写真はちょうど花見ごろで、桜がそこかしこで満開を迎えている。〈逢坂・昭和初期・提供＝大津商工会議所〉

**▶建設工事中の琵琶湖ホテル**

柳が崎浜、現在の立命館大学ヨット部艇庫あたりから建設工事中の琵琶湖ホテルを望む。柳が崎浜に水泳場が新設されたのは大正14年のことである。昭和9年の琵琶湖ホテル開設とともに拡張された。〈柳が崎・昭和9年頃・提供＝大津市歴史博物館〉

**▲完成した琵琶湖ホテル**　現在のびわこ大津館ランドスケープガーデンのあたりから完成直後のホテルを望む。琵琶湖ホテルは、滋賀県が国の融資金40万円を受け、昭和9年10月、国際観光ホテルとして建設された。設計者は岡田捷五郎、鉄筋コンクリート造3階建て、延べ4,000平方メートルの大規模なホテルである。桃山様式の装飾が施された華麗な建造物で、客室38室とスイートルーム3室を有し「湖国第一の近代ホテル」と評された。〈柳が崎・昭和9年・提供＝滋賀県立図書館〉

**▲改修工事中の第一琵琶湖疏水大津閘門《こうもん》**　鹿関橋から東を望む。第一琵琶湖疏水の改修工事は昭和6年8月13日に着手され、同年11月12日に完了した。開渠の水路底部に鉄網入厚さ25.5センチのコンクリートを施工している。閘門の周囲に木材を組み、上部から滑車で建築資材を運搬している。左には水位を調整する制水門が見える。〈大門通・昭和6年・提供＝京都市上下水道局〉

**▶第一琵琶湖疏水大津運河取水口近くの船着場**　現在の浜大津4丁目西端、第一疏水の取水口左岸から西を眺望する。多くの船が停泊している。琵琶湖疏水による大津〜京都間の舟運は、昭和初期には旅客船が衰退し、貨物船が中心となった。運搬される資材は砂、砂利、石材、煉瓦、木材などの建築資材が中心であった。戦時期になると米や野菜が姿を消し、代わって天然ガスが増加した。左奥には第一疏水を横断する江若鉄道の鉄橋が見える。〈浜大津〜観音寺・昭和15年頃・提供＝京都市上下水道局〉

**▲膳所駅**　駅舎正面を駅前広場から見たもの。左には郵便局員、入口には男性と子どもたちがいる。大きな自転車につかまって少女が乳児を背負う姿は、子守が若年世代の労働であったことを偲ばせる。駅は明治13年に馬場駅として同地に開設されたが、浜大津にあった大津駅の廃止にともない、大正2年に大津駅に改称。同10年に現在の大津駅が新設されると、再び馬場駅に改称され、昭和9年9月に膳所駅となった。同50年に現在の駅舎に改築された。〈馬場・昭和9年頃・提供＝大津商工会議所〉

◀**石山駅**　明治36年に開設された。写真の駅舎は昭和初期に新築されたものと思われ、奥には乗合自動車が停車している。昭和7年には石山駅から草津行、宇治川ライン行の乗合自動車が営業していた。〈粟津町・昭和10年前後・提供＝大津商工会議所〉

▲**戦前の石山商店街**　大正15年、東洋レーヨン滋賀工場が国鉄石山駅南西側に進出して以降、工場東側の東海道沿いに商店街が誕生した。写真は昭和10年発行の『大津商工人名禄』に掲載された写真「石山鳥居川町」と同じもので、松並木に沿って煙草屋、日用百貨店、書店、煉瓦造の洋館などが建ち並び、多くの人車が往来して賑やかなようすがうかがえる。一方、かつて近江八景の「粟津晴嵐」に描かれたこの松並木は、工場と商店街が出現して以降、徐々に枯死していった。〈栄町・昭和10年頃・提供＝大津商工会議所〉

**▶石山商店街に新設されたレストラン**
カーテンで閉ざされた玄関前には、小型のシュロの鉢植えが置かれている。このような、石山商店街に新設された商店は、風光明媚な石山の地に新たに昭和のモダン文化をもたらした。〈栄町・昭和初期・提供＝光明清治氏〉

**▼瀬田唐橋東詰に停泊中の帆船と屋形船**
唐橋東詰南側から西を望む。対岸に見えるのは瀬田川の中島と思われる。荒廃地であった中島は大正13年には遊園地として整備され、釣堀、ボート、ヨットなどが設置された。〈瀬田〜唐橋町・昭和初期・提供＝大津商工会議所〉

**◀瀬田唐橋**　橋の上から西を望む。旧東海道の瀬田唐橋は、西詰の石山町鳥居川（現唐橋町）と東詰の瀬田町橋本（現瀬田１丁目）の間に架かる橋である。大正13年6月に木橋から鉄筋コンクリート橋に架け替えられた。全長172メートル、橋幅約7メートル、橋柱20、大小34の擬宝珠の高欄を備え、橋板で鉄筋を覆い旧来の外観を維持した。〈瀬田〜唐橋町・大正〜昭和初期・個人蔵〉

**▼瀬田川の中島にて**　瀬田唐橋のうち大橋西詰南側の中島から、女性8人が南を向いて記念撮影をしている。戦時中であるにもかかわらず、各自化粧を施し、服装については洋服を着用する女性と和服を着用する女性の双方がいて、統一感はない。〈唐橋町・昭和18年頃・提供＝薮田容子氏〉

**▲瀬田川上流遠望**　瀬田川右岸の石山寺芭蕉庵あたりから北を向き、瀬田川上流を遠望する。はるか遠くに瀬田唐橋、東海道線の瀬田川鉄橋が見える。唐橋の右側には瀬田村の集落が広がっているが、現在、瀬田3～4丁目、野郷原に広がる新興住宅地もなく、未開拓の藪地や畑地が広がっている。〈昭和初期・提供＝大津商工会議所〉

**▶蛍谷から見た瀬田川**　瀬田川右岸の蛍谷あたりから北を向いて瀬田川上流を見る。遠くに瀬田唐橋と中島が写る。川岸には男性3人が小舟2艘を岸に接岸し、その上で釣りに興じている。〈蛍谷・昭和11年・提供＝池田俊男氏〉

**◀南郷洗堰**　春季の南郷洗堰を瀬田川東岸南側から北を向いて望む。内務省は琵琶湖の水位を調整する治水対策として、瀬田川の流量を調節する南郷洗堰を、明治34年12月〜38年3月に建設した。総延長は約173メートルで、約3.6メートル間隔で31本の堰柱が取り付けられた。縦溝が彫られた堰中側面に、24センチ角の角材を人力で上下させて流量を調整した。〈黒津〜南郷・昭和初期・提供＝大津商工会議所〉

**▶石山寺参道の旅館街**　瀬田川西岸の旅館街を船中から南西を向いて撮影したもの。接岸している船は湖南汽船の京阪丸のように見える。瀬田川西岸の石山寺参道には旅館街が並んでおり、道の片側にしか建物がないことから「片原町」と呼ばれていた。昭和10年ごろには「油屋」「松葉」「月乃家」「柳家」「三日月楼」などの料理旅館があった。堅田以南を営業区域とした湖南汽船は、大正3年頃には石山を観光船の周航地としていた。〈石山寺・昭和15年頃・提供＝山森恵美子氏〉

**◀石山寺門前の石山公園**　石山寺山門前から北を向き、参道の松並木が広がる石山公園を望む。公園内にはところどころにベンチが設置され、参詣者が休憩できるようになっている。現在は松の本数が減り、代わって桜やツツジが植えられ、庭園として整備されている。左端に半分だけ写り込んだ石灯籠は、現在も山門の両脇を固める石灯籠と同じものと思われる。〈石山寺・大正〜昭和初期・個人蔵〉

**▲石山寺の本堂と蓮如堂**　本堂の左手前が蓮如堂。石山寺は良弁が創建した東寺真言宗の寺院で、本尊は如意輪観音。本堂は、正堂、合の間、礼堂からなる複合建築である。正堂は永長元年（1096）再建の滋賀県下最古の建築で、合の間と礼堂は慶長7年（1602）の建立である。本堂は国宝、蓮如堂は重要文化財にそれぞれ指定されている。現在は写真と異なり、蓮如堂前には桜が植樹されている。〈石山寺・昭和初期・提供＝大津商工会議所〉

**▶瀬田村の農家**　現在の学園通り、一里山1丁目のダイエー瀬田店あたりから坂の上を眺めている。未舗装の道は細く、ぬかるみ、荷車の轍《わだち》が残る。坂道の背後には茅葺きと大屋根の農家、柿の木、火災を知らせる半鐘を取り付けた火の見櫓が見える。この坂道の奥は東海道が東西に横断し、瀬田村の集落が軒を連ねていた。〈一里山・昭和8年・提供＝南大萱会館資料室〉

**▲堂山山頂周辺の植樹作業**　堂山の山頂周辺で植樹をしているようす。急峻な山肌は風化し、乾燥した表土があらわになっている。地滑りが生じないように、鍬で整地した後に松のような苗を植林している。〈田上森町・昭和初期か・提供＝上田上小学校〉

**▼堅田《かたた》警察署**　大津警察署の堅田分署として設立され、大正8年7月に改築された。写真の建物は現在の堅田商工会館の場所に位置すると思われる。同分署は堅田町のほか、雄琴、仰木、真野、伊香立、葛川、和邇、木戸、小松の各村に及ぶ広域を管轄していた。同15年の地方官官制の改正により本署から独立し、堅田警察署となった。背後には、昭和3年に東洋紡績から独立し、堅田に誘致された昭和レーヨンの工場が見える。〈本堅田・昭和10年前後・提供＝堅田小学校〉

**◀真野村の集落と琵琶湖**　蔓陀羅山山頂付近から南東を向き、真野村の澤（右）・浜（左）の両集落（現真野4丁目）と琵琶湖を遠望したもの。その奥には琵琶湖に突き出た真野川の河口、対岸には「近江富士」と呼ばれる三上山が見える。現在、区画整理され住宅や商店が建ち並ぶ今堅田地域には、家並みをほとんど見出せない。手前に広がる未開拓の里山は、昭和47年から京阪電鉄が開発した新興住宅地「びわ湖ローズタウン」に変貌した。〈真野・昭和10年・提供＝真野小学校〉

**▶坂本ケーブル坂本駅**　坂本ケーブル起点の坂本駅を、駅西側のケーブル軌道から東を向いて見下ろす。比叡山坂本ケーブルは、比叡山登山鉄道により、延暦寺への参詣者の利便と避暑などの観光を目的として建設され、昭和2年3月から営業が開始された。トンネル2カ所、橋梁6カ所、総延長2,025メートルで、現在運行しているケーブルのなかでは日本最長である。写真には、比叡山山頂の特攻基地に建築資材や特攻機「桜花」をケーブルカーで運ぶために設置された、吊り下げ用のガントリークレーンが見える。〈坂本本町・昭和20年・提供＝比叡山鉄道〉

**◀坂本ケーブルを登る車両**　上りの車両を、下りの車内から見下ろす。2カ所のトンネルの間で軌道が二股に分かれ、上りと下りの車両がすれ違いできる仕組みになっていた。眼下には坂本村の集落が見え、琵琶湖を挟んだ対岸には三上山がうっすらと見える。高低差は484メートルで、最大勾配は約18度。起点の坂本駅から終点の叡山中堂駅に達するのに11分間を要した。〈坂本本町・昭和20年か・提供＝比叡山鉄道〉

**◀坂本ケーブル叡山中堂駅** 現在のケーブル延暦寺駅。軌道北側から西を向いて見上げる。乗り場では、車両が到着するのを待つ女性たちが座り込んでいる。ここにもガントリークレーンが設置されている。〈坂本本町・昭和20年・提供＝比叡山鉄道〉

**▲比叡山四明ヶ岳**　比叡山山頂の四明ヶ岳から南東、琵琶湖の南湖を見下ろす。左端に見える岩は平将門の京都侵入の故事にちなんだ「将門岩」であろうか。山頂東側には「山の家テント村」や「裳立山遊園地」などの観光施設があった。〈大正～昭和初期・個人蔵〉

## フォトコラム　絵はがきに見る近江八景

「八景」は、十世紀の北宋時代に宋迪という役人が現在の湖南省長沙一帯の瀟湘《しょうしょう》の地に赴任し、八カ所の名所を山水画の画題として瀟湘八景を描いたことに始まる。その後、この様式が東アジア各地で流行し、日本でも現在に至るまで数多くの「八景」が選定されてきた。

近江八景では、瀟湘八景の題材となった「暮雪」「落雁」「夜雨」「晩鐘」「晴嵐」「夕照」「秋月」「帰帆」のテーマをそのまま取り入れて、それぞれ「比良」「堅田」「唐崎」「三井」「粟津」「瀬田」「石山」「矢橋」という具体的な土地と結びつけて八景をなしている。

この近江八景は、本コラムのように、近代の絵はがきとしてはもちろん、江戸時代には屏風絵や版画の題材として取り上げられ、なかでも浮世絵師・初代歌川広重の作品は有名である。また、古典落語の演目にも近江八景がある。これは遊女に入れ込んだ男が、八卦見（占い師）に近江八景づくしで占いを言われ、料金を払う段になると、名所として知られていた膳所《ぜぜ》城が八景に含まれていないことから「何を言っている。近江八景に膳所（＝銭《ぜぜ》）はない」というサゲで終わる。

ところで近年、この膳所城が近江八景にない理由を示す資料が見つかったと京都新聞（平成二十四年九月二十四日付）が報じ、話題となった。それによると、江戸初期の儒学者・菅得庵が、近江八景を詠んだ和歌について、寛永の三筆として知られる近衛信尹《のぶただ》公が「膳所城からの八景を眺望して紙に写し、城主に賜った」と記録していた資料を、京都大学大学院の鍛治宏介非常勤講師（当時）が見つけた。得庵は膳所城二代目城主・戸田氏鉄の儒学師範だったことから、資料の信憑性は高いという。

これまで、近江八景の選定については諸説あり、室町時代に関白・近衛政家が選んだとする記述が多く見られていたが、この資料によって、江戸時代初期の近衛信尹による選であることが決定的になったと見られている。

つまり、八景は膳所城からの眺望を詠んでいるため「膳所はない」のである。

※このコラムに掲載したのはすべて個人蔵の絵はがきで、大正～昭和初期のものである。

**▲比良暮雪《ひらのぼせつ》**　近江八景は中国の瀟湘《しょうしょう》八景に倣って近江国の８つの景勝を選んで詠んだことに始まるとされ、初代歌川広重の浮世絵などで広く世に知られた。「比良暮雪」は雪を残した春の比良連峰の美景である。

**◀堅田落雁《かたたのらくがん》**　絵はがきの建物は堅田の浮御堂。「堅田落雁」とは湖面に浮御堂（満月寺）が浮かび、空に雁が行く情景を表している。浮御堂は恵心僧都が平安時代に建立したといわれるが、昭和9年の室戸台風で倒壊。滋賀県の技師・西崎辰之助の設計で同12年に再建され、古の情緒をいまに伝える。

**▶唐崎《からさきの》夜《や》雨《う》**　唐崎神社の霊松で、天正19年（1591）に植えられた二代目と伝わる。歌川広重の浮世絵では雨に煙る巨松が描かれている。同時期の版画の注記によると、枝の東西54メートル、南北68.4メートルもあり、途方もない大きさであった。大正10年に枯死したため移霊祭が斎行され、二代目の実生から育てられた三代目が現霊松となっている。

**◀三《み》井《いの》晩鐘《ばんしょう》**　美しい音色の鐘で、日本三名鐘「音の三井寺」として名高い三井寺（園城寺）。その梵鐘が響く夕景が近江八景の主題となっている。絵はがきは三井寺観音堂より琵琶湖を望むもので、江戸期には観音堂からの眺望は東海道随一とも謳われた。近年の開発などにより、かつての景観はもはや見られない。

▲**粟津晴嵐《あわづのせいらん》**　東海道を京へ向かい瀬田から膳所まで、琵琶湖南端の湖岸に沿って続く松並木。「粟津晴嵐」は、松の枝々が近江の湖《うみ》からの風でざわめく、風趣ある景観である。松並木は太平洋戦争中に松根油採取などのため伐採され、ほとんど消え失せたという。

▼**瀬田夕照《せたのせきしょう》**　古くは京防衛の要所であった瀬田唐橋は「千古ノ歴史ニ関係アル国ノ名勝」といわれ、また夕照の水面に浮かぶ光景は「真に賞すべし」と讃えられた。明治から大正期に重ねて架け替えがなされ、木造から鉄筋へと変わったが、高欄の擬宝珠《ぎぼし》は江戸時代の銘を刻んだものが引き継がれている。

**▲石山秋月《いしやまのしゅうげつ》**　主題は、石山寺から中秋の名月を望む佳景である。絵はがきは後白河上皇の行幸に際して建てられたといわれる「月見亭」で、今も名月観賞の名所となっている。江戸期には皆等しく偉観とされた近江八景だが、時代の変遷にともない、「粟津晴嵐」や「矢橋帰帆」など失われたものもある。

**▼矢橋帰帆《やばせのきはん》**　東海道の琵琶湖周辺の道のりは、湖岸に沿って迂回し瀬田唐橋を渡る。その近道が草津宿の矢橋港と大津宿の石場港を結ぶ「矢橋の渡し」で、諺《ことわざ》「急がば回れ」の語源となっている。矢橋の港へ帰る帆舟を情緒豊かに捉えているが、現在は湖岸が埋め立てられ、昔日の面影はない。

# 2 昭和の幕開きと人びとの暮らし

金融恐慌による取り付け騒ぎで銀行へ押し寄せる人波の喧噪とともに「昭和」の幕は開いた。滋賀県においても栗太銀行（昭和二年四月十五日）、近江銀行（同十八日）、蒲生銀行（十九日）が相次いで休業を決めると、市内浜通（現浜町）の銀行街では、預金保護に右往左往する人びとの姿が見られた。

昭和三年、昭和天皇即位の御大典祝賀行事が行われ、世相は一旦華やいだかに見えたが、翌四年、ニューヨーク市場の株価大暴落に端を発する大恐慌が世界的な規模で広まり、このあおりを受けて同五年には日本も大不況に陥った。

政府は昭和二年九月に町村合併促進の通達を出していたが、これは長びく不況によって地方の財政状況が悪化するのを見越して、その財政基盤を強化するための施策でもあった。翌年、政府閣議決定によって「都市計画指定都市」となった大津市では、「大大津市」建設構想を進め、周辺町村と合併した。その間、市は、上水道の敷設、塵埃焼却場の設置、ガス事業の公営化などを実施し、大大津市としての体裁を整えていった。

一方、教育の分野では、昭和に入って進められた事業に、各学校の校舎建設がある。大津市域での特色としては、広域合併にともなって膳所尋常高等小学校や石山尋常高等小学校の校舎が新築、増改築されたことと、昭和レーヨン工場が建設された堅田や、東洋レーヨンなどの工場が建設された石山のように、工場進出で急増した人口に対応して校舎が増築されたり、学校が開校したことがあげられる。

各地ではこうしてさまざまな動きがありながらも、日本経済は長い不況から抜けられずにいた。一方国外では、昭和六年の柳条湖事件を端緒とする満州事変から満州国建国へ、そして同十二年には盧溝橋事件をきっかけとして日中戦争が開戦するなど、大陸での戦火が拡大していた。国内では戦争遂行のために国民の総力を結束することを目的として、同年の国民精神総動員運動、翌十三年の国家総動員法などが打ち出され、社会の隅々までが一気に戦時体制下に組み入れられていった。

これを象徴する行事が、昭和十五年に全国で挙行された紀元二千六百年奉祝記念行事であった。大津市ではその一環で近江神宮が創建され、中等学校生徒から一般市民まで多くの人たちが勤労奉仕を行い、その建設にあたった。鎮座祭には約四千人が参列し、翌日の鎮座奉祝祭での行列は二キロにもおよんだという。

**▲川島芳子、伊東阪二の講演会**　滋賀県公会堂（現長等小学校の場所）で開催された川島芳子、伊東阪二（ハンニ）の講演会での記念撮影。前列中央で花束を持つ女性が川島、その右に座る白い花を胸に付けた男性が伊東である。川島は清朝の愛新覺羅善耆の第14王女。断髪、男装し、満州で関東軍に深く関与したことが小説になるなどし、「男装の麗人」「東洋のマタ・ハリ」といわれた。伊東は「昭和の天一坊」とも呼ばれた相場師で、川島と生活をともにしていた。右の玄関柱に「新東洋」と墨筆した講演題目が見えるので、日本と満州の親善を説く「新東洋主義」について講演したものと思われる。〈大門通・昭和10年・提供＝伊藤星津子氏〉

**◀アート・スミスの曲芸飛行**　現在の皇子山総合運動公園および陸上競技場の敷地にあった陸軍歩兵第九連隊の練兵場で、アメリカ人飛行士アート・スミスの曲芸飛行が行われた。スミスは大正5年と6年にアジア興行を行い、飛行機で、宙返り、横転、逆転、木の葉落としなどの演目を披露した。背後の観客席は大勢の人で溢れている。〈御陵町・大正5年・提供＝伊藤星津子氏〉

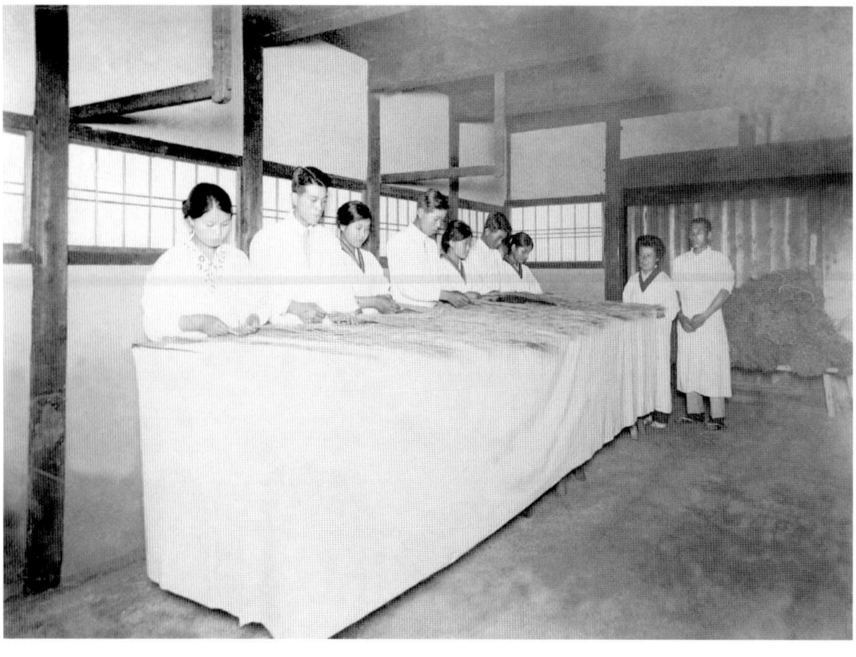

**◀▲即位大礼に献上する藁の謹製場**　昭和3年に京都御所で挙行された昭和天皇の即位大礼に際し、地元の名士である大谷家から藁が献上された。写真はそれを記念して、藁の選定に携わった白衣の女性たちを中心に、作業場で記念撮影したもの。〈森・昭和3年・提供＝光明清治氏〉

**▲水道通水を祝う子どもたち**　昭和5年5月24日、市役所前で行列をなした子どもたちが小旗を振り、大津市の水道通水を祝っているようす。歓迎に応え2階バルコニーから手を振るのは、奥野英太郎市長ほか市当局の面々であろうか。同日、柳が崎浄水場で通水式が盛大に行われ、花火を打ち上げながら、市内の小学生5,000人が小旗を持って街頭行進する盛り上がりを見せた。〈浜大津・昭和5年・提供＝大津市歴史博物館〉

**▶「大大津市」の誕生を祝う**　市役所前にて。大津市は昭和7年5月の滋賀村との合併、翌8年4月の膳所、石山両町との合併により、人口6万9,116人、面積68.48平方メートルとなった。同月15日から3日間、全市をあげて新市誕生を祝う祝賀祭が開催された。〈浜大津・昭和8年・提供＝大津市歴史博物館〉

**◀桃の節句**　娘の初めての桃の節句、雛人形の前での記念撮影。内裏、雛、三人官女、五人囃子のほか、掛け軸、桃の花、各種の人形で華やかに装飾されている。〈松本・昭和 11 年・提供＝伊藤星津子氏〉

**▲天孫神社での葬儀風景**　四宮町（現京町 3 丁目）の天孫神社は延暦元年（782）の創建で、彦《ひこ》火《ほ》々《ほ》出《で》見命《みのみこと》、大《おお》名《な》牟《む》遅命《ちのみこと》、国常立命《くにとこたちのみこと》、帯中《たらしなか》津《つ》日《ひ》子命《このみこと》を祭神とする。「四宮神社」とも呼ばれ、13 基の曳山が出る大津祭は同社の祭礼である。〈京町・昭和 6 年・提供＝伊藤星津子氏〉

**▲大津法曹野球団の記念撮影**　大津地方裁判所で働く検事、判事、弁護士の法曹三者と書記が一緒になって野球団を結成し、膳所中学校（現膳所高校）の運動場で野球を楽しんだ。昭和9年の大津弁護士会所属の弁護士は16人で、そのうち12人が大津市在住であった。〈膳所・昭和11年・提供＝伊藤星津子氏〉

**▼浮御堂の前で**　堅田の満月寺浮御堂の常夜灯前で弁護士連の記念撮影。大津弁護士会の会合で堅田を訪れた際に記念撮影したもの。〈本堅田・昭和12年・提供＝伊藤星津子氏〉

**▲大津駅前に停車する京阪バス**　乗降口には女性車掌が立っている。昭和3年8月、京阪自動車は、大津駅前から札の辻を経由し江若鉄道浜大津駅まで、約1キロのバス営業を開始した。写真のバスは10人乗りの1928年式シボレーと思われる。バスの後ろにあるのは、萩山平兵衛が経営する料理旅館「萩乃家」。大正10年の大津駅新設にともない馬場駅(現膳所駅)前から移転してきた。1階店頭にはタバコ売り場、建物上部の看板には「汽車辨當」の文字が見える。〈春日町・昭和10年頃・提供＝大津商工会議所〉

**▶東洋レーヨン滋賀工場本館の建設**　大正15年、当時「人造絹糸」、略して「人絹」と呼ばれていたレーヨンの国内製造のため、三井物産の出資を受けて東洋レーヨンが設立。同年4月には滋賀工場の設置認可を取得し建設工事が始まった。大工場の進出は、隣接する石山の商業隆盛の起爆剤となった。〈園山・大正15年・提供＝東レ〉

**▶東洋レーヨン瀬田工場の建設**　東洋レーヨン瀬田工場は、昭和13年に栗太郡瀬田町大江にスフ紡織の工場として創設された。戦時下において企業整備が進むなか、同18年9月に軍需会社の三井精機に売却された。〈大江・昭和12年・提供＝東レ〉

**◀▼瀬田川での舟遊び**　左写真は「きりしま」と書かれた手こぎの貸ボートに乗る青年たち。下写真は京都・東山の大谷中学校（現大谷高校）生徒たちの舟遊び。船尾にはモーター（原動機）が装着されている。〈左／昭和初期・提供＝大西明氏、下／昭和16年頃・提供＝山森恵美子氏〉

**◀湖畔で水浴びに興じる** 幼児たちが琵琶湖畔の浜で水浴びをしている。場所は、現在は埋め立てられ公園になっているにおの浜2丁目あたりと思われる。〈におの浜・昭和5年頃・提供＝山森恵美子氏〉

**▲近江舞子水泳場と観光船**　大勢の観光客が水泳を楽しむ浜辺のようす。小松村の近江舞子はもとは雄松崎の名で、白砂青松かつ遠浅の地形から、行楽や水泳の好適地として古くから知られていた。昭和6年、太湖汽船が水泳場を開設、水泳船を寄港させた。停泊している3隻の大型観光船は同社の「みどり丸」「竹生島丸」「桃太郎丸」と思われる。〈南小松・昭和10年頃・提供＝滋賀県立図書館〉

▶**天虎《てんこ》飛行研究所の水上飛行機**　天虎飛行研究所は、昭和10年6月、現在の西武大津店東側あたりに開設された民間の水上飛行機訓練所である。琵琶湖の遊覧飛行と、飛行士、整備員の養成を目的とした。〈におの浜・昭和10～18年・提供＝山森恵美子氏〉

▼**「高穴穂宮跡」碑の竣工式**　高穴穂神社本殿の背後に建っており、碑文は東郷平八郎の揮毫《きごう》。第12代景行天皇は高穴穂宮を置いた後、この地で崩御したといわれている。次代の成務天皇が先帝の遺徳を偲び、宮内に社を建て、景行天皇を穴太地域の氏神として祀ったことが高穴穂神社の始まりと伝えられる。宮跡の石碑はあるものの、遺構は現在まで未発見である。〈穴太・昭和9年頃・提供＝徳永茂氏〉

▶**山王祭の行列**　日吉大社参道を西進している。山王祭は日吉大社の祭礼で、延暦10年（791）、桓武天皇が2基の神輿を寄進して以降、1,200年以上の歴史を有する。祭事は4月12～15日に行われるが、写真は14日昼から行われる神輿渡御の神事の一部で、7基の神輿を武士の装束で先導する駕輿丁の行列と思われる。〈坂本・昭和10年代後半・提供＝大津商工会議所〉

**◀下田上村消防組の組員**　太神山不動寺別院の御開帳の際に撮影したものか。下田上村消防組は明治24年に設置されている。組員は満20～40歳で、い組（関津）、ろ組（黒津）、は組（太子）、に組（稲津）、ほ組（石居）、へ組（里）、と組（枝）、ち組（森）、り組（羽栗）の9大字9組で構成されていた。各組は決まった数の旗、高張、弓張、梯子、鳶、水桶を常備し、各字の寺院が打ち鳴らす半鐘または梵鐘の信号により、出火及び鎮火を周知させた。〈稲津・昭和初期・提供＝光明清治氏〉

**▶坂本村消防組組員の任命式**　中央にサーベルを持って座るのが管下の警察署長と思われる。滋賀県では昭和14年1月に警防団令が公布され、警察署管下の消防組と、市町村長管下の防護団（昭和6年結成）が合体した。同年4月には県下で192の警防団が結成され、地域の防空防護活動の中核をなした。〈坂本・昭和10年代・提供＝徳永茂氏〉

**◀荒戸橋の渡り初め式**　上田上村、大戸川に架かる荒戸橋の渡り初め式。左岸（現中野3丁目）から右岸（現中野2丁目）を望んでいる。橋下には、上流からの流出物が橋梁を破損するのをくい止める堰が築かれている。日の丸と緑門（北詰）で装飾され、上田上村村長と同村の最長寿の女性を先頭に、村の有力者と思われる人びとが橋を渡る。北詰に並ぶ常夜灯は、中野の集落から荒戸神社に至る参道に橋が架けられたことを示している。〈中野・昭和13年・提供＝上田上小学校〉

**▲近江神宮造営の整地作業**　宇佐山山麓、近江神宮の整地工事のようす。北東を望む。昭和13年6月に近江神宮の地鎮祭が行われ、同年10月から造営工事が開始された。滋賀師範、栗太農学校、大津商業、膳所中学など県内の多くの学校、また青年団、町内会、企業が造営工事の際に勤労奉仕を行った。〈神宮町・昭和13年頃・提供＝近江神宮〉

**▶第一期工事が竣工した近江神宮社殿**　第一期工事が竣工した近江神宮の外拝殿、内拝殿、本殿を東から見渡す。近江神宮は紀元二千六百年記念事業の一環として、昭和15年11月7日に宇佐山山麓の錦織、南滋賀地域に創建された。天智天皇を祭神とする。〈神宮町・昭和15年・提供＝近江神宮〉

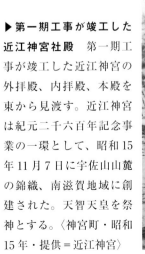

**▲近江神宮鎮座奉祝祭**　昭和15年11月8日、鎮座奉祝祭に出席し、外拝殿前の石階段を下りてきた来賓か。階段左側には、逆に階段を上っていく多くの女性の姿が見える。現在はこの階段の上に楼門があるが、同19年の竣工のため写真には写っていない。前日7日の鎮座祭には、公式参列者2,000人のほか、市内の学童、各種団体約2,000人も境内の一角に整列して参加した。〈神宮町・昭和15年・提供＝近江神宮〉

**◀近江神宮鎮座1周年記念祭**　昭和16年11月7日、鎮座1周年を記念した行事で、内拝殿前で民俗芸能を奉納しているところ。編笠を被り、太鼓を叩きながら舞踊を演じている人たちを、子どもたちを中心にした多くの観客が見つめている。観客の後ろが外拝殿。〈神宮町・昭和16年・提供＝近江神宮〉

**▲石山駅での列車転覆事故**　東海道本線瀬田川鉄橋西での列車転覆事故のようす。列車は東京発下関行の急行列車で、客車４両が脱線、機関車と客車それぞれ１台が横転している。写真奥に瀬田川鉄橋が見える。〈粟津町～松原町・昭和５年・提供＝光明清治氏〉

**▶室戸台風で被害を受けた堅田港**　小舟は湖岸に吹き寄せられ、民家の屋根瓦ははがれ、樹木が倒壊している。堅田では浮御堂が倒壊し、約800体の仏像とともに湖中に没した。その後、堅田町、同町観光協会、地元有志の尽力によって再建され、昭和12年５月15日に落慶法要が執り行われた。〈本堅田・昭和９年・提供＝堅田小学校〉

**▲室戸台風で横転した瀬田川鉄橋上の列車①**　東を望む。9月21日の室戸台風では、約500人の乗客を乗せて瀬田川鉄橋上を西進する東京発下関行の下り急行列車が烈風にあおられ、機関車と郵便車を除く客車8両と食堂車1両が横転した。〈昭和9年・提供＝高見彰彦氏〉

**▼室戸台風で横転した瀬田川鉄橋上の列車②**　鉄橋西詰南側から北東を望む。この横転事故は、死者11人、重傷者43人、軽傷者171人の大惨事となった。東海道本線が上り下りともに平常運転に復旧したのは10月18日のことであった。〈昭和9年・提供＝高見彰彦氏〉

**▶琵琶湖堅田沖に発生した竜巻**　室戸台風が大津を襲った翌日の午後4時20分に琵琶湖堅田沖で発生した竜巻を、堅田町役場の楼上から撮影している。この写真は大阪毎日新聞に掲載され、大阪朝日新聞の展覧会にも出品された。〈本堅田・昭和9年・提供＝徳永茂氏〉

**▼熊野川氾濫後の復旧作業**　山上町を東西に流れる熊野川が園城寺新羅善神堂北側で氾濫し、家屋が流された。その復旧作業のようすを撮影したものか。周囲には取り除いた廃材や石材が置かれ、熊野川には角材3本の仮橋が架けられている。〈山上町・昭和16年・提供＝清水弥一郎氏〉

**▲大津市公会堂での廃品利用代用品展覧会**　公会堂玄関前には幔幕が張られ、日の丸を掲げた仮門が設置されている。門柱の文字から、同展覧会は陸軍省、商工省、滋賀県の後援のもと、大津市と大津商工会議所が主催したものであることがわかる。昭和13年の国家総動員法公布以降、日常生活に必要な金属製品は戦争のために供出され、その代用品として、陶磁器や木製の代用品が考案された。特に陶磁製としてガスバーナー、釜、やかん、水筒、キセルなどが製造された。〈浜大津・昭和10年代後半・提供＝大津商工会議所〉

**▶廃品利用代用品展覧会の展示風景**　皮革代用品として、鮫や鯨の皮でつくった靴やサンダル、学帽などが展示されている。日の丸とナチスドイツ、ファシスト党政権下のイタリアの国旗が掲げられているので、同展覧会は、日独伊三国同盟が結ばれた昭和15年9月末以降に開催されたものと思われる。〈浜大津・昭和10年代後半・提供＝大津商工会議所〉

**▶瀬田唐橋上での商工祭の行列**　唐橋上を西進する商工祭の行列。「僧兵」「新羅」「京極」「今井」「石田」などと記した幟を持っているので、近江で活躍した戦国武将に扮した行列であろう。瀬田町商工会は従来、大字橋本と神領だけで構成されていたが、昭和7年2月に町内の全商工業者（商業214戸、工業44戸）によって組織されるようになった。〈瀬田～唐橋町・昭和10年代・提供＝大津商工会議所〉

**◀長等神社門前の商工祭行列**　雨中の長等神社楼門前を、傘をさして下っていく女性の行列。和服姿の女性連は選ばれた「ミスビワコ」であろうか。大津では金融恐慌後の商業を再生させるために、各商店街が仮装行列を行うなど、趣向を凝らした商工祭が開始された。〈三井寺町・昭和10年代・提供＝大津商工会議所〉

**▶下堅田町での商工祭の行列**　下堅田町（現中央3丁目）の商店街を北に向かって進む商工祭の行列。先導する男性たちは手拭いを被り化粧をして、「辻うら南部実業会」と記した箱を首から吊り下げている。その背後に続く和傘をさした女性連は、選ばれた「ミスビワコ」であろうか。〈中央・昭和10年代・提供＝大津商工会議所〉

**◀商工祭の行列が到着した市役所前広場**　商工祭の行列が、雨のなか、市役所前広場に到着したようす。蒸汽機関車のように装飾した宣伝車、さまざまな模様の小型の傘を車体に貼り付けた宣伝車が見える。右にあるのは朝日生命ビル。〈浜大津〜中央・昭和10年代・提供＝大津商工会議所〉

**▲商工祭の行列が行く札の辻交差点**　東海道の札の辻交差点を左折する商工祭の行列。上柴屋町のレストラン・精養軒を宣伝するオープンカーが行く。道路中央の軌道には浜大津行の京津電車が見え、札の辻停留所には京都方面行きの電車を待つ人びとが立っている。〈札の辻〜京町・昭和10年代・提供＝大津商工会議所〉

**▲石山寺山門前に並ぶ「ミスビワコ」の宣伝車**　各車の右側には、大津観光協会が選定した石山、瀬田、膳所、玉津の「ミスビワコ」が乗車していることを示す看板が掲げられている。昭和10年に滋賀県観光協会が主催した「第1回びわ湖まつり」に、大津市は、感謝使節として、彦根、長浜、八幡、堅田、大溝の各市町とともに、2人ずつ「ミスビワコ」を出席させている。〈石山寺・昭和10年代・提供＝大津商工会議所〉

**▶第3回びわ湖まつりのファッションショー**　「ミスビワコ」によるファッションショーのようす。びわ湖まつりは第2回から7月の第3日曜日に行われるようになった。昭和14年の第5回から「ミスビワコ」の出演はなくなり、代わって500人の青年による湖国一周聖火リレーが実施された。翌15年には取り止めになり、戦後の再開を待つこととなる。〈大津市内・昭和12年・提供＝大津商工会議所〉

**▲第３回びわ湖まつりでの稚児行列**　浜町交差点を経て、大津市公会堂前に到着した稚児行列。びわ湖まつりを祝い、日傘をさした女性に付き添われ、艶やかな祭礼の稚児衣装をまとった女児が行進している。右手前が大津市役所で、左奥の建物は日本勧業銀行大津支店。〈浜大津・昭和 12 年・提供＝大津商工会議所〉

**▼第３回びわ湖まつりでの「ミスビワコ」の行列**　「ミスビワコ」の行列が寺町通（現駅前通）を南に行進するところを撮影したものと思われる。酷暑のためか、食堂、カフェー、眼鏡店が建ち並ぶ通り東側の家陰を選んで歩いている。北田眼鏡店は現在も同地にある。〈中央・昭和 12 年・提供＝大津商工会議所〉

**▲大津尋常高等小学校**　島の関の大津尋常高等小学校（現中央小学校）正門と校舎を浜通から望む。同校は明治6年2月11日に打出浜学校として現在地に開校。同18年に大津学校と改称し、25年にはいち早く尋常科と高等科を併設する小学校となった。43年には女子師範学校を併設し、さらに実業補習学校を併設していた時代もあった。〈島の関・昭和3年・提供＝中央小学校〉

**▶滋賀県師範学校附属小学校での授業風景**　膳所町錦（現昭和町）の滋賀県師範学校附属小学校での日本海海戦の授業風景。黒板にはユーラシア大陸とアフリカ大陸の地図が描かれ、日露戦争の日本海海戦を児童が説明している。〈昭和町・昭和5年・提供＝滋賀大学教育学部附属小学校〉

**◀滋賀県師範学校附属小学校の正門**　同校はもとは上堅田町（現島の関）にあったが、明治35年にこの地に移転した。〈昭和町・昭和8年・提供＝滋賀大学教育学部附属小学校〉

**▼滋賀県女子師範学校附属小学校高等科の薙刀《なぎなた》練習**　滋賀県女子師範学校は明治15年に葭原町（現京町3丁目）の 華階寺に設置され、同36年には上堅田町（現島の関）から東浦町（現末広町、京町3丁目）に移転し、同44年に附属小学校が併設された。写真の場所は大日本武徳会滋賀県支部の武道場（のちの滋賀県体育文化会館）か。〈京町・昭和15年・提供＝滋賀大学教育学部附属小学校〉

**▶大津東尋常小学校の建設風景**
馬場１丁目の大津東尋常小学校（現平野小学校）の木造の講堂を建設しているようす。講堂は昭和７年12月16日に竣工した。同校の校舎が鉄筋コンクリート造になるのは同45年のことであり、講堂は同58年に老朽化のため解体されている。〈馬場・昭和７年頃・提供＝山森恵美子氏〉

**◀大津東尋常小学校の朝礼風景**　校庭での朝礼のようす。同校の前身は、明治９年２月に生蓮坊に開設された松本学校と、義仲寺に開設された畯明学校に求められる。同11年８月に両校が統合され松本小学校と改称し、さらに25年８月に大津町立大津東尋常小学校となった。〈馬場・昭和12年頃・提供＝山森恵美子氏〉

**▶大津西尋常小学校**　２年生男児を撮影する。同校の起源は明治６年２月に東今颪（現長等３丁目）の本福寺に開設の修道学校と、小川町（現長等１丁目）の青龍寺に開設の弘道学校に求められる。同９年６月に今堀町（現浜大津３丁目）に新築移転し、14年、滋賀郡第17学区修道学校に校名が決定した。同18年の小学区改正で神出村、別所村が合併し、同25年に大津町立大津西尋常小学校に改称された。〈大門通・昭和13年・提供＝清水弥一郎氏〉

**▲膳所尋常高等小学校の校舎全景**　現在の膳所小学校の場所である。同校の前身は明治9年に開設した木下、昼錦、篠津、粟津、南粟津の各学校に求められる。同19年9月に篠津、粟津の両校が合併して尋常科膳所小学校となり、同25年7月に高等科が併設され膳所尋常高等小学校となった。同38年10月には裁縫学校が付設された。〈中庄・昭和初期・提供＝滋賀県立図書館〉

**◀瀬田尋常高等小学校の運動会**　日章旗と旭日旗で装飾された運動場で、白いハンカチを両手に持った袴姿の女児たちが円を描き、先生が演奏するオルガンの音に合わせて、ダンスを踊っているように見える。入場門に小さく「奉祝」の文字が見えるので、大正4年、大正天皇の即位大典を祝って行われたものか。同8年には現在の瀬田北支所の北側に運動場が新設された。〈大江・大正4年頃・提供＝南大萱会館資料室〉

**▶雄琴尋常高等小学校**　地理の授業風景。「地勢」と書かれた黒板には太平洋の地図がかけられ、教壇上から指し棒を手にした教師がオセアニア地域の地勢を説明している。〈雄琴・昭和初期・提供＝雄琴小学校〉

**◀田上尋常高等小学校の運動会**
運動場で紅白の玉転がし競争をしている児童たち。〈里・昭和初期・提供＝光明清治氏〉

**▶堅田尋常高等小学校の運動会**
運動場で、女子児童が紅白に分かれ、綱引きを行っているところ。校舎玄関上には「健康」の字を記した看板が掲げられている。国民体力法が施行された昭和15年頃に撮影されたものと思われる。〈本堅田・昭和15年頃・提供＝堅田小学校〉

**◀堅田尋常高等小学校に贈られた青い目の人形** 親日家の宣教師シドニー・ギューリックが、アメリカ国内で高まっていた反日感情を憂い、日本の子どもたちへの平和の使節として、昭和2年に1万2,793体の「青い目の人形」を贈った。同年3月5日、そのうちの106体が滋賀県に到着し、9日、現在の長等小学校の敷地にあった滋賀県公会堂で歓迎会が催された。その後、人形は県下の小学校や幼稚園に贈られ、各学校でも歓迎会が催された。段飾り上段中央で椅子に腰掛けているのがそれである。日本とアメリカの国旗で装飾され、他の日本人形とともに飾られている。〈本堅田・昭和2年頃・提供＝堅田小学校〉

**▶坂本尋常高等小学校** 玄関での6年生男児の卒業記念写真。男児の多くは学帽をかぶった羽織袴姿で、草履や下駄を履いている。このころ、校舎は京阪石坂線坂本駅の北側にあった。同校の起源は、明治5年開校の至明学校、同6年開校の篤明学校、同9年開校の穴穂学校にさかのぼる。同19年には篤明、穴穂の両校が統合され簡易科坂本小学校と改称されるとともに、至明学校が簡易科八木山小学校と改称した。さらに同25年に両校が統合されて坂本尋常小学校となった。同29年には高等科が併設され、坂本尋常高等小学校と改称している。〈坂本・昭和12年頃・提供＝徳永茂氏〉

**◀下阪本尋常小学校の全景** 木造平屋建校舎を北向きに見た写真と思われる。敷地内の左に見える白い建物は天皇の御真影《ごしんえい》（写真）を保管する奉安殿。校門の左に松、右に桜が植樹されている。同校の起源は、延暦寺別院東南寺に開設された漣学校である。明治12年に開校の日枝学校と同19年に統合、尋常科戸津小学校、簡易科漣小学校と改称した。同25年に下阪本尋常小学校と改称している。同42年には現在地に校舎を新築移転した。〈下阪本・昭和10年頃・提供＝下阪本小学校〉

**▲和邇尋常高等小学校陸上選手の表彰**　和邇尋常高等小学校運動場で開催された滋賀県陸上運動会において、表彰を受けたリレー選手を記念撮影したもの。背後の選手が優勝旗と校旗を持ち、前方の選手が優勝カップとトロフィー、表彰状を持つ。男女とも裸足で、男子は裸の上半身に和邇の「和」を記したゼッケンを付けている。背格好から見て高等科の児童たちと思われる。〈和邇中・昭和 15 年・提供＝田中宏氏〉

**▼大津商業学校の全景**　南東から北西を見ている。敷地内右の建物は奉安殿。同校は大正 9 年に市立から県立に移管され、3 年の修業年限は、予科 1 年、本科 4 年に整備された。兵式体操を正課に取り入れ、軍事教練の予備訓練を始めている。〈御陵町・昭和初期・提供＝滋賀県立図書館〉

**▲膳所中学校運動場での軍事教練**　生徒たちが運動場で射撃を練習している。大正 14 年、中等学校以上の学生と青年訓練所の生徒に軍事教練が正課として義務付けられ、各校に陸軍現役将校が配属され、その指導にあたった。しかし、膳所中の教練の成績は他校に比べ見劣りしたといわれている。〈膳所・昭和 6 年・提供＝滋賀県立図書館〉

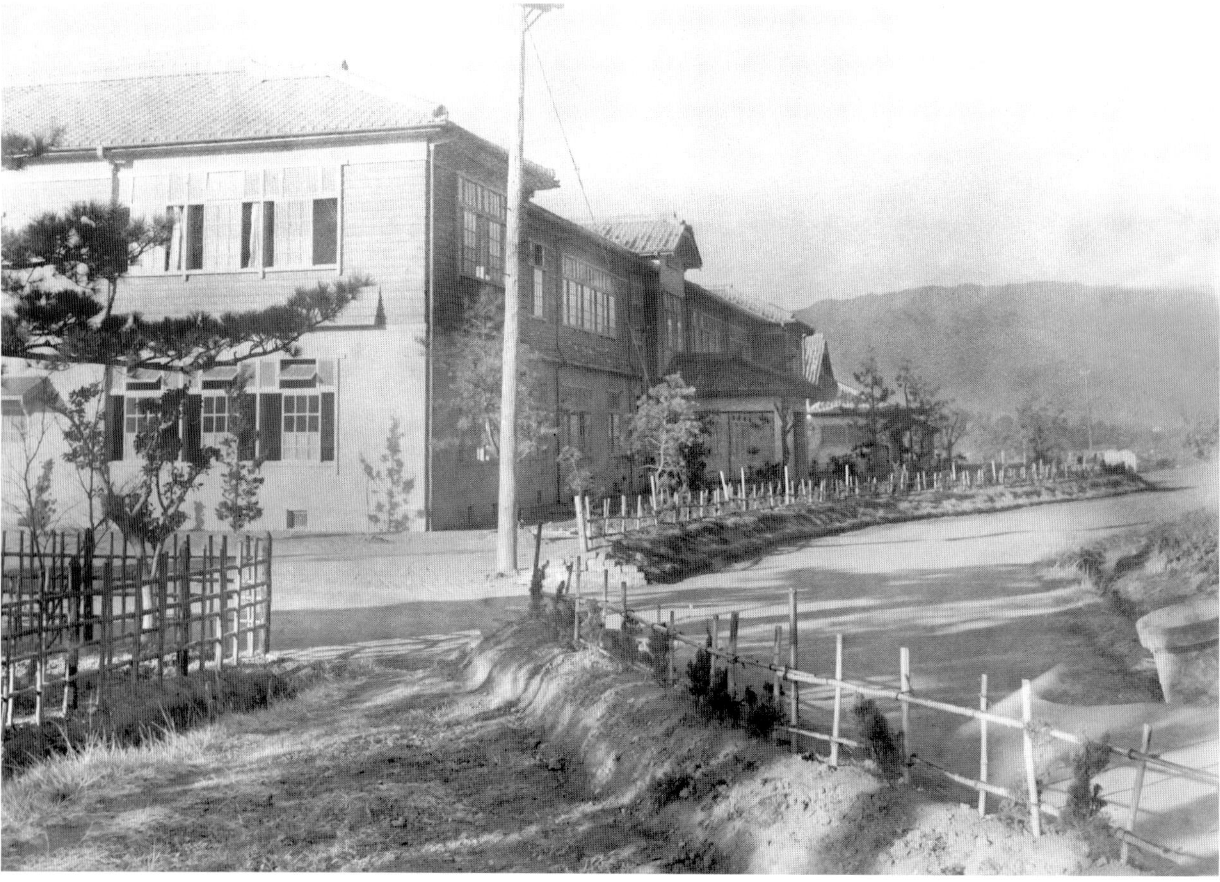

**▲瀬田工業学校の全景**　敷地北東角から西を望む。同校は技術者を養成するため、昭和 14 年 5 月に開校し、機械科と電気科を置いていた。写真の新校舎が竣工したのは同 15 年 9 月である。当時の生徒数は約 150 人であった。〈神領・昭和 18 年・提供＝瀬田工業高等学校〉

**▼瀬田工業学校の航空部**　滑空機とともに航空部員を写す。場所は皇子山か。右に朝日新聞社が寄贈した「朝日式駒鳥号」（通称「プライマリー」）、左に山岡内燃機関（現ヤンマー）が寄贈した「ヤンマー号」が並ぶ。駒鳥号は昭和15年10月に完成し、朝日新聞社が全国の中等学校に寄贈した。駒鳥の名は設計製作に尽力した航空局の駒林栄太郎航空官に由来する。「プライマリー」とは「初級滑空機」という意味である。〈御陵町・昭和15年・提供＝瀬田工業高等学校〉

**▲瀬田工業学校での学徒動員式**　同校では昭和19年3月から学徒動員が始まり、機械科の生徒は三井金属、電気科の生徒は川崎造船に出向き勤労奉仕につとめた。〈神領・昭和19年・提供＝瀬田工業高等学校〉

**▲▼市立高等女学校報国団による除草作業奉仕**　近江神宮で、各自もんぺ姿で手拭いを被り、酷暑のなか除草作業に勤しんでいる。同校は昭和 16 年 8 月から全国で実施された「耕地愛護週間」の勤労奉仕に合わせ、大津商業、滋賀師範、同女子師範、膳所中学、県立大津高女とともに、山野、道路、堤防、畦の草刈り、堆肥や肥料の積み込み、近江神宮の整地美化、陸軍墓地の清掃に従事した。〈神宮町・昭和 18 年・提供＝近江神宮〉

# フォトコラム　戦前の大津祭曳山

大津祭は、滋賀県の湖国三大祭りのひとつに数えられる天孫神社の例祭である。なかでも、同社を中心とする旧町内が、十三基の曳山を出して市街地を引き回し、「所《じょう》望《もん》」といって、決まった場所でからくりを披露する曳山行事は、県外からも多くの見物客が訪れて賑わいをみせる。

祭りの由来は、おおよそ次のように伝えられている。鍛冶屋町の塩屋治兵衛が慶長年間（一五九六～一六一五）に祭りで狸の面をつけて踊り、人気を得た。やがて狸が腹鼓を打つからくり人形を載せた屋台を舁《かつ》ぐようになり、それが地車をつけた曳屋台へと変わり、寛永十五年（一六三八）に京都祇園の山鉾に倣って、現在のような三輪の曳山がつくられて巡行した。その後、安永五年（一七七六）までに各町内の曳山が順次整えられていった。二層構造の曳山を彩る豪華な懸装品や、謡曲や中国の故事に題材をとったからくり人形には、かつて北国筋の物資の集積地として栄えた大津港と東海道の宿場町を背景とした近世大津町人の経済力と、文化的な豊かさをうかがうことができる。

現在の祭礼日は十月第二月曜日の前の土、日曜日だが、戦前は十月九日、十日と定められていた。本祭当日、十三基の曳山はいったん天孫神社に集結し、あらかじめ「籤《くじ》取り」で決められた順番で市街地へと繰り出していく。唯一の例外は「籤取らず」といわれる鍛冶屋町の曳山で、巡行順は一番と決められている。

祭りは、曳山の世話人である「山方」をはじめ「曳き手」や「警固」など、さまざまな役割を担う人たちが関わりあうことで成り立っている。なかでも町内の人たちが多く参加する「囃子方」は、各町内の小学校入学前後の年齢の子どもたちが、「前乗り」といって曳山に乗せてもらうことから始まる。そして鉦や太鼓を叩くことを覚え、やがて笛を吹くようになって一人前の囃子方として祭りを支える。一方で、若者にとって囃子方となって曳山に乗ることは、単にお囃子《はやし》を奉納するだけでなく、曳山から名物の粽《ちまき》を撒き、派手な着流し姿を披露する晴れ舞台ともなる。

こうして京都祇園祭の影響を受けながらも、近世都市大津独自の文化を継承する祭礼として、昭和十年頃までは外国人観光客も多く訪れていたが、太平洋戦争開戦前後から敗戦までの間は曳山を出さない年が続いていた。そんななか、同十八年に一度だけ、陸軍病院大津分院の傷病兵たちを慰問するという名目で曳山が出されたという。京都祇園祭でさえ同十七年を最後に四年間山鉾の巡行を中止した時代に、大津町人文化を担う人びとが見せた心意気は、傷病兵だけでなく多くの人びとの心に響いたに違いない。

◀**大津祭の観覧席**　本祭当日、天孫神社を出発した13基の曳山が、コンチキチンとお囃子の音も賑やかに街中を巡行する。巡行路の猟師町（現中央）には大津観光協会が設けた桟敷があり、外国人の見物客も多く見られた。観覧席の前で曳山を止めて趣向を凝らしたからくりが披露されているのだろう、日傘をさした女性も興味深げに曳山を見上げている。〈中央・昭和10年代・提供＝大津商工会議所〉

▶**西行桜狸山**《さいぎょうざくらたぬきやま》　寛永12年（1635）の文書に、大津祭の曳山は祭礼の日に鍛冶屋町の塩屋治兵衛が狸の面をかぶって踊ったことに由来する、との記録がある。その由緒ある鍛冶屋町の曳山で、後年、所望《しょうもん》の題材を謡曲「西行桜」にとって、桜の精である仙人と西行が問答するからくりとしたことから、「西行桜狸山」と称したという。「狸山」は、屋根の上で右前足を頭上にかざし日和見している狸による。この狸が祭の日の天気を守っているといわれ、この曳山だけはくじを引かず毎年巡行の先頭に立つことになっている。〈浜大津・昭和初期・提供＝青木福太郎氏〉

◀**猩々山**《しょうじょうやま》　曳山に乗る囃子方の前に据えられているのは酒の大瓶だろう。この山の所望は、大瓶から柄杓で酒を注がれた大盃を呑み干した猩々の顔が真っ赤に変わる場面が見せどころ。むかし、唐の揚子に住む高風《こうふう》という孝行者が夢のお告げにしたがって町で酒を売っていたところ、海の中に住むという猩々が現れて酌めども尽きない酒の壺を与えられたという謡曲「猩々」に題材をとったもの。南保町の曳山。〈中央・昭和10年代・提供＝大津商工会議所〉

▶**西王母山《せいおうぼざん》**　通称「桃山」と呼ばれる丸屋町の曳山。「三皇五帝の昔よりこの御代に至るまで」泰平の世が続くことを祝って、3,000年に１度だけ花が咲き実を結ぶという桃を皇帝に献上するために西王母が天上から舞い降りた、という謡曲「西王母」に題材を得た物語に、桃太郎のモチーフを加えた人形所望。桃の中から現れる桃童子の人形は傷みが激しかったため、平成15年に新調された。〈浜大津・昭和初期・提供＝青木福太郎氏〉

▲**神功皇后山《じんぐうこうごうやま》**　記紀にもある神功皇后の新羅征討の物語を題材とした人形所望で、皇后が手にした弓で岩に文字を書く所作に合わせて「三韓之王者」の文字が次々と現れる。神功皇后は、征討の際懐妊していたと伝えられ、戦いの後、筑紫で無事に後の応神天皇を出産したことから、安産の神としても庶民の信仰を集めた。猟師町の曳山。〈中央・昭和10年代・提供＝大津商工会議所〉

▶**月宮殿山《げっきゅうでんざん》**　上京町の曳山の所望は、唐の都で新春の節会が催された際に不老門に姿を現した皇帝が、役人貴族のみならず万民の拝賀をうけ、さらに鶴亀も舞で寿《ことは》ぐと、自ら輿に乗り月宮殿で奏せられる舞楽に合わせて舞った、という謡曲「鶴亀」によるもの。曳山の背面の幕は「見送り幕」と呼ばれ、月宮殿山の見送り幕はトロイ落城を描いたゴブラン織のタペストリーで、国の重要文化財に指定されている。写真の曳山の左に京津線の電車、右後方に市役所が見えている。〈浜大津・昭和初期・提供＝青木福太郎氏〉

◀**龍門滝山**《りゅうもんたきやま》　太間町の曳山の所望は、「登龍門」の語源になった黄河上流の龍門山の滝の故事にちなみ、鯉の滝登りを見せる。別名「鯉山」ともいう。唐風の装束を身につけた人形の横に垂直に立てられているのが滝を表す舞台装置で、この中央を金色の鯉が下から登り、上に行くにつれて鰭や尾を懸命に動かす所作をする。滝を登り切ると鯉の胴から翼が生えてそのまま昇天するかのように見えなくなる。この曳山の見送り幕もゴブラン織の見事なタペストリーで国の重要文化財に指定されている。〈浜大津・昭和初期・提供＝青木福太郎氏〉

▲**郭巨山**《かっきょやま》　後在家町、下小唐崎町の曳山で、所望が、元の時代の中国の書物『二十四孝』の中の「郭巨釜掘り」の故事によることから、通称「釜掘山」と呼ばれる。三輪の曳山の上層部分に、わが子を両手に抱いた郭巨の妻の人形が立っている。後ろに、鍬を手に立っている郭巨の人形が、地面を掘る所作をすると黄金の釜が出てくるというからくり。年老いた母を養うために、わが子を埋めて口減らしをしようとしたところ「天、孝子郭巨に賜う」と書かれた黄金の釜が埋まっていたという物語である。〈浜大津・昭和初期・提供＝青木福太郎氏〉

◀**西宮蛭子山**《にしのみやえびすやま》　所望は蛭子の鯛釣り。烏帽子に狩衣姿で等身大の蛭子人形が悠然と釣り糸を垂れていると、水面に鯛が2匹戯れるように現れ、1匹がえさに食いついたところを竿をはねて釣り上げる。この所作から「鯛釣山」とも呼ばれる。右側の人形は魚籠をかかえた従者の太郎冠者。白玉町の曳山で、古くは宇治橋姫山と記されており、延宝年中に西宮蛭子山となった。〈浜大津・昭和初期・提供＝青木福太郎氏〉

**▼殺生石山《せっしょうせきざん》**　曳山の上層に法衣をまとって立つのが玄翁和尚の人形。この和尚が払子をかざして法力を示すと背後にある殺生石が割れ、中に潜んでいた玉藻前が女官の姿で現れ、扇で顔を覆い、扇を下げるとその顔が狐に変わるからくり。鳥羽院の命を奪うために玉藻前に姿を変えて、天竺、唐を経て飛来した金毛九尾の霊狐が、陰陽師に姿を見破られ東国まで逃れて石に取り憑いていた、という謡曲「殺生石」に題材を得た所望。柳町の曳山で、「玄翁山」とも呼ばれる。〈中央・昭和10年代・提供＝大津商工会議所〉

**▶源氏山《げんじやま》**　この曳山の所望は、紫式部が石山寺に参籠して「源氏物語」の着想を得たという伝説にちなんだもので、「紫式部山」とも呼ばれる。上層の囃子方が覗いている奥の高欄には、十二単で巻紙と筆を手に物語を書こうとしている紫式部の人形があり、その下の岩の間から次々と御所車、傘持ちなどの人形が現れ、それにつれて背景も変化するというからくりである。中京町の曳山で、この所望の作者は、龍門滝山の鯉の滝登りや西王母山の桃太郎、西行桜狸山の桜の精など、独特の発想でからくりを作った林孫之進。〈浜大津・昭和初期・提供＝青木福太郎氏〉

▶**湯立山《ゆたてやま》**　曳山の下層は天孫神社をかたどっているとされ、天孫神社の湯立て神事は、この曳山が奉納すると位置づけられている。上層で行われる所望は、向かって右側の祢宜がお祓いをすると、奥の市殿が手にした笹を前に据えられた釜の湯に浸して振る身振りをし、左側の巫女が鉦《かね》を叩きながら神楽を舞うというもの。玉屋町の曳山で「おちゃんぽ山」とも呼ばれる。〈浜大津・昭和初期・提供＝青木福太郎氏〉

▼**孔明祈水山《こうめいきすいざん》**　「三国志」で知られる蜀の諸葛孔明が、魏の曹操と戦った際に、水神に祈って大水を起こして勝ったという故事に題材をとった所望。右側の鎧を着けた武将姿は孔明に重用された超雲の人形で、右手に持つ鉾を河に見立てた作り物に突き立てると、水が湧き上がり蕩々《とうとう》と流れるからくりである。中堀町の曳山で「祈水山」「孔明山」とも呼ばれる。〈浜大津・昭和初期・提供＝青木福太郎氏〉

▶**石橋山《しゃっきょうざん》**　この山の所望は、天台宗の僧である寂照《じゃくしょう》（大江定基）が宋の国の清涼山《しょうりょうぜん》付近にある石橋に着いたときに、文殊菩薩の使いである獅子が牡丹の花に戯れる奇瑞《きずい》を見たという謡曲「石橋」による。曳山の上層右側に立っているのが僧寂照の人形で、その横にある２個の岩から飛び出した獅子が牡丹の花に戯れて、また岩の中に入っていくというからくり。獅子のつくりと所作が人気を集める湊町の曳山である。〈浜大津・昭和初期・提供＝青木福太郎氏〉

# 3 戦時下の郷土

昭和十三年に公布された国家総動員法のもとで政府によるさまざまな経済統制が進められるなか、同十五年、大津市でも生活物資の配給切符制が実施された。また、同年政府は「部落会・町内会等整備要領」を通達。これは国策や各種統制を徹底させるため、部落会や町内会の下に隣保班、いわゆる隣組を置くことを規定するもので、国民の社会生活の末端に至るまで大政翼賛会の下部団体として組織化する体制をつくりあげた。隣組では常会（定期的な会合）を開き、近隣住民の倹約生活や、銃後を守る模範となるような活動の実施が奨励された。

こうして、組織化された住民相互の監視体制が徹底されるなか、警防団による防空演習や、婦人団体による勤労奉仕、武運長久祈願などが行われ、やがて各家庭の鍋釜はもちろん、商店街のアーケードや寺院の梵鐘までを対称とする金属供出なども実施されていく。

大津は、明治八年に置かれた歩兵第九連隊が、日清、日露戦争から第一次世界大戦まで華々しく活躍し、軍都としての側面も持っていた。その後、第三大隊を残して第九連隊は京都へ移転していたが、昭和十五年、陸軍の軍令改正が行われて京都連隊区から大津連隊区が分離して大津連隊区司令部が復活、同十六年四月に司令部の開庁式が行われた。

この連隊区司令部のほか、現在の陸上自衛隊大津駐屯地の場所には大津海軍航空隊が置かれていた。さらに昭和十六年末に太平洋戦争が開戦し、翌年のミッドウェー海戦で多くの優秀な海軍パイロットが戦死したため、その養成所を各地に開設することになり、同十九年、下阪本の唐崎から際川のあたりに滋賀海軍航空隊が開設された。また同年には大津陸軍少年飛行兵学校が第九連隊の兵舎を利用して創設されており、太平洋戦争末期の大津には三つの航空訓練基地が置かれていたことになる。

昭和二十年七月二十四日、草津方面から飛来したＢ29が東洋レーヨン滋賀工場に爆弾を投下、死者十六人、重傷者十三人の被害となった。さらに同月三十日には滋賀海軍航空隊と大津陸軍少年飛行兵学校がロケット弾による爆撃を受け、少年飛行兵学校では死者一人を出した。

比較的安全と思われ、大阪市からの集団疎開児童を受け入れていた大津市であったが、昭和二十年には平野国民学校に疎開していた児童たちが葉山村（現栗東町）へ再疎開するということもあった。また同年七月には、空襲に備えて市内九地区で第一次建物疎開が実施された。翌月、第二次強制疎開の準備中に敗戦を迎えたのであった。

▲**「南京陥落」に沸く祝賀行列①**　市役所から市役所前広場を見る。昭和12年の「南京陥落」を祝して出た祝賀行列。日章旗や旭日旗、出征兵士の氏名を記した応召の幟《のぼり》を持っている。その奥の大津市瓦斯《ガス》課、水道課の営業所1階の窓には「皇軍万歳」「祝 南京攻略」と記した紙が貼られている。この日、市内7カ所で奉祝花火が打ち上げられ、各神社で戦捷《せんしょう》奉告祭が挙行された。〈浜町～中央・昭和12年・提供＝逢坂小学校〉

**▲「南京陥落」に沸く祝賀行列②**　夜間、町名や「祝戦捷」と記した提灯に先導され、大勢の人びとが手に提灯を持って集まっている。手前の白く見える人たちは、割烹着姿の国防婦人会の女性たちであろうか。後ろに見える大きな建物は日本勧業銀行大津支店である。〈浜町～中央・昭和 12 年・提供＝逢坂小学校〉

**▼石山幼稚園での戦争ごっこ**　園児たちが玩具の銃を庭園の池や噴水の方に向けて、軍人が行う射撃訓練を真似ている。当時の玩具は、機関銃のほか、銃剣、戦車、飛行機を描いたものが多く、幼い子どもたちの「少国民」化を先導した。なお、同園は昭和 13 年に大津市立として 4 番目に設立された幼稚園である。〈石山寺・昭和 15 年・提供＝長谷井よね氏、所蔵＝滋賀県平和祈念館〉

**▲衣料切符を整理捺印する大津市職員**　女子職員が、机上に積まれた大量の衣料切符を整理捺印している。商工省は戦時下の衣料消費を統制するため、昭和17年1月30日から衣料切符制度を実施した。各人に点数記入の衣料切符が配給され、年間の衣料購入を切符の点数の範囲内に制限した。同年には味噌、醤油、塩、鮮魚、肉などの食料品にも配給切符制度が実施されている。〈大津市内・昭和17～20年・提供＝大津市歴史博物館〉

**▶材木町での隣組常会**　材木町（現中央4丁目）で開かれた月例の隣組常会のようす。机上に置かれたラジオから流れる政府の方針や社会の情勢を聞き入っている。戦時下において、隣組（隣保班）は町内会活動の基礎単位とされ、定期的に常会と呼ばれる会議を開き、防空演習、配給、供出などの問題が協議された。〈中央・昭和16年頃・提供＝大津市歴史博物館〉

**▲大日本国防婦人会の時局講演会**　瀬田尋常高等小学校講堂にて。白い割烹着に襷《たすき》をかけた国防婦人会の女性たちが写る。巨大な日の丸を掲げた演台の右側には、講演の題目「兄は兵隊、父軍友、母国婦固守す」を記した垂れ幕が吊り下げられている。昭和7年3月に大阪の主婦が国防婦人会を結成したが、大津において最初の分会が発会したのは同10年1月のことであった。〈大江・昭和15年・提供＝南大萱会館資料室〉

**◀大日本国防婦人会による清掃奉仕**　大津陸軍墓地の清掃奉仕。女性たちの多くは幼児と一緒で、育児をしながら勤労奉仕を行ったことをうかがわせる。昭和10年1月、長等で発会した国防婦人会の大津西分会は、京都連隊区司令部の肝いりで、陸軍中将で元大津市長の奥野英太郎の妻・咲子らが中心となり、582人の会員によって結成された。日中戦争により多くの男性が出征すると、銃後を守る女性の社会的進出とその活躍は、従来家に束縛され、自由に外出できなかった女性を家庭から「解放」したと理解された。〈山上町・昭和18年・提供＝清水弥一郎氏〉

**▲大日本国防婦人会による戦勝祈願**　高穴穂神社での戦勝祈願のようす。大日本国防婦人会の女性たちは、軍部の指導のもと、出征兵士の歓送迎、男手を取られた留守家族への労働奉仕、前線の兵士に送る慰問袋づくりなど、献身的な活動を行った。〈穴太・昭和17年頃・提供＝徳永茂氏〉

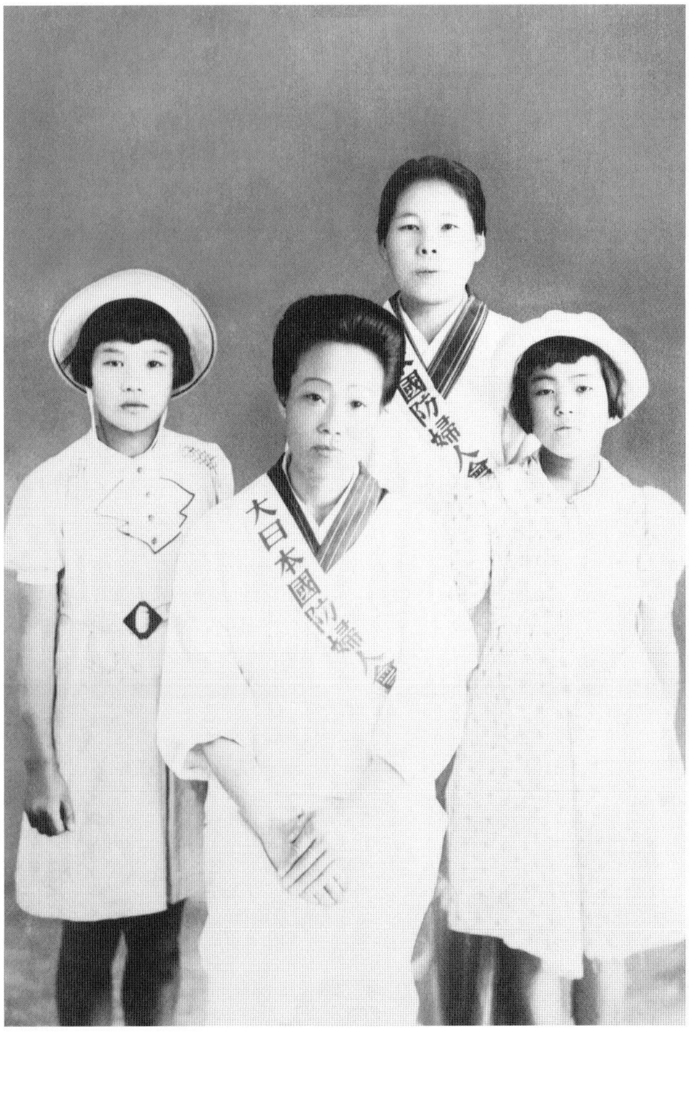

**▶出征兵士に送る写真**　戦地に送るための家族写真。女性は大日本国防婦人会の襷を肩からかけた白地の割烹着姿で、2人の女児はよそ行きのワンピースを着ている。銃後の生活が厳しくなったにもかかわらず、元気で暮らしていることを感じさせる家族の姿からは、戦地に出征した男性に心配をかけまいとする女性たちの心遣いが読み取れる。写真は、戦地に送る慰問袋に入れられた。その中には日用品（ちり紙、手拭い、石鹸など）、衣服（シャツ、腹巻など）、食料品、薬品、お守り札なども入れ、差出人の住所、氏名を記した手紙を添えた。〈千町・昭和19年・提供＝長澤三代子氏〉

**▲善念寺の梵鐘供出**　中央の梵鐘の前には祭壇が築かれているので、長年使ってきた梵鐘への感謝を表す供養をしたものと思われる。大津市では、昭和18年に延暦寺の大梵鐘と燈籠など2万貫（約75トン）、菱屋町（現長等2丁目）の取り壊したアーケード5,000貫（約18.75トン）が供出されたと当時の新聞は報じている。〈大萱・昭和18年・提供＝南大萱会館資料室〉

**▶萱野神社の金属供出**　青銅製と思われる釣灯籠と狛犬を荷車に載せている。金属類（鉄、銅、白金、アルミニウムなど）は銃、戦車、戦艦、戦闘機などの軍事用に必要とされ、昭和17年から本格的に回収が開始された。市民が供出した物品は寺院の梵鐘のほか、火鉢、洗面器、やかんから、民家の手すり、物干し、軒の樋まで多岐に及んでいた。〈大萱・昭和10年代後半・提供＝南大萱会館資料室〉

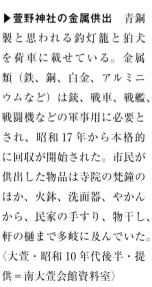

**▲防空演習に臨む東洋レーヨン滋賀工場の女子従業員**　大正15年に設置された東洋レーヨン滋賀工場（現東レ滋賀事業場）の女子従業員たち。背後に可動式の高射砲台が設営されているので、本土空襲を想定した演習がなされたと想像される。しかし、そのかいもなく、昭和20年7月24日、B29が同工場に模擬原爆「パンプキン」1発を投下し、死者16人、重軽傷者104人の被害を出した。〈園山・昭和19年・提供＝東レ〉

**▼青柳浜で軍事教練**　太平洋戦争末期、堅田国民学校で合宿し、軍事教練を行った際に、真野村の青柳浜にて記念撮影を行った。軍用馬車が写っているので、砂浜で軍需物資輸送の訓練を行ったのかもしれない。〈大物・昭和19年頃・提供＝徳永茂氏〉

**▲大津連隊区司令部の開庁式**　現在の長等小学校の敷地にあった大津連隊区司令部の開庁式のようす。昭和15年8月、陸軍軍管区改正によって1府県1連隊区制が実施され、翌16年4月、同9年の移転以来となる大津連隊区司令部が再設置された。大津市と滋賀、栗田、野洲、甲賀、蒲生、神崎の各郡が管轄となった。〈大門通・昭和16年・提供＝大津市歴史博物館〉

**▶終戦間近の出征兵士**　終戦間近の昭和20年5月、馬場西町（現馬場1丁目）にて。京都伏見にあった連隊に入隊する兵士の出征式。〈馬場・昭和20年・提供＝山森恵美子氏〉

**◀満蒙開拓青少年義勇軍へ参加する少年**　長久祈願のため家族とともに小野神社を参詣した際の写真。満蒙開拓青少年義勇軍とは、昭和12年11月30日の閣議決定に基づき、高等小学校の成績上中位層を中心とした数え年16～19歳の男子を、満州に開拓農民として移住させた制度である。滋賀県では同13～20年に1,148人が満州に渡り、満州国の間島省琿春県馬小川の土地2,500ヘクタールを開墾し、麦などを栽培した。〈小野・昭和17年頃・提供＝大道裕子氏〉

**▲出征兵士を見送る人びと**　萱野神社参道で出征兵士を見送る行列。太鼓やラッパを鳴らしながら先導する学生たちを先頭に、出征兵士が勇ましく送られて行くようすがうかがえる。〈大萱・昭和17～18年・提供＝南大萱会館資料室〉

**▲伊香立《いかだち》尋常高等小学校運動場での村葬**　伊香立村から出征し戦死した人の村葬が執り行われている。テントが張られた祭壇を前に、軍友会、学校、婦人会に分かれて整然と縦一列に並び、戦死者を弔っている。昭和12年7月に日中戦争が始まって以降、多くの男性が中国大陸の戦地に赴き、故郷に帰れぬまま戦場で亡くなった人が増加した。同14年以降は戦況が落ち着き、戦死者はいったん減少するものの、19年に戦況が悪化してから再び増加し、村葬を行う回数も増えていった。〈伊香立生津町・昭和10年代・提供＝大東三郎氏、所蔵＝滋賀県平和祈念館〉

**◀天虎《てんこ》飛行研究所**　訓練生が練習機を水上から引き上げている。天虎飛行研究所は現在の西武大津店付近にあり、昭和10年6月2日に青年飛行家の藤本直によって民間の飛行訓練施設として設立された。当初は13式水上練習機1機、100坪の格納庫、4坪の事務所の陣容であった。市民から「テントラ」の愛称で親しまれた。〈におの浜・昭和10年代・提供＝佐藤生寿氏、所蔵＝滋賀県平和祈念館〉

**▶飛行訓練前に敬礼する練習生**
昭和10年7月、天虎飛行研究所は逓信大臣から遊覧運送事業の認可を受け、琵琶湖上での遊覧飛行や宣伝飛行、ビラまきなどを開始した。同年10月には飛行学校としての飛行場の認可も得て、本格的な練習生の訓練が始まっている。〈におの浜・昭和10年代・提供＝佐藤生寿氏、所蔵＝滋賀県平和祈念館〉

**◀坂本ケーブルの無蓋《むがい》車両**　昭和20年5月、滋賀海軍航空隊は比叡山山頂に特攻基地を建設するため、比叡山坂本ケーブルの施設を接収し、比叡山への一般参詣を禁止した。山上への建築資材運搬には車両の屋根を取り外した客車（無蓋車）が使用された。〈坂本本町・昭和20年・提供＝比叡山鉄道〉

**▶比叡山山頂特攻基地の破壊されたカタパルト**
戦後、占領軍が破壊したカタパルト（「桜花」発射台）を撮影する。昭和20年5月、海軍は来るべき敵の上陸に備え、比叡山山頂に特攻基地の建設を開始した。特攻機「桜花」を配備し、機首に大型爆弾、中央にパイロットの座席、後部に推進用火薬ロケットを付け、パイロットもろとも敵艦に体当たりするという「人間爆弾」計画であった。しかし、カタパルトが竣工した8月15日に戦争は終わり、後に占領軍によって破壊された。〈坂本本町・昭和20年・提供＝比叡山鉄道〉

**▲終戦後の大津海軍航空隊①**　昭和20年10月16日、終戦後の大津海軍航空隊を北から望む。湖畔に水上飛行機4機が停泊し、手前と奥に巨大な格納庫が見える。大津海軍航空隊（通称「大津空」）の起源は、昭和12年4月に高等専門学校生と大学生に飛行機の操縦訓練をするため、海軍が同地に開設した予備航空団大津支部にさかのぼる。同17年4月、予科練習生終了者に水上飛行機の操縦を訓練させるため同支部を解体し、大津海軍航空隊を新設した。〈際川・昭和20年・提供＝米国立公文書館、所蔵＝滋賀県平和祈念館〉

**▼終戦後の大津海軍航空隊②**　残された水上飛行機と台車。手前の台車は水上機基地で爆弾を運ぶのに使用された。昭和19年頃、大津空には93式中間練習機（赤トンボ）や94式水上三座偵察機などが配備されていたといわれている。〈際川・昭和20年・提供＝米国立公文書館、所蔵＝滋賀県平和祈念館〉

# 4 懐かしき町並みと商店街

足かけ十五年にわたった戦争は日本の国力を極限まで疲弊させ、多くの人的、物的資源が失われ、都市部は焼け野原となった。戦後もその余波から混乱した世相が続き、人びとは今日の糧を求めるのが精いっぱいの状況であったが、昭和二十五年の朝鮮戦争の勃発により特需が生まれ、日本は復興の足がかりをつかんだ。

昭和二十年代後半になると世の中は落ち着きを取り戻し、三十年代初頭には経済が戦前の最高水準にまで回復。商業活動もその恩恵を受け、地域の商店街を中心に賑わいを見せるようになった。

大津は、近世以降宿場町、港町として繁栄し、京町通や中町通を中心に「大津百町」と呼ばれた繁華な人口集積地となった。また城下町であった膳所や、瀬田唐橋周辺など、人や物が往来した旧東海道沿いに商業地が形成された。一方、近代の大工場進出によって石山や堅田にも商店街が誕生し、それらは戦後、経済発展に呼応してさらなる賑わいを創出するようになった。

昭和三十年四月、中町通の菱屋町商店街に、総工費一千万円をかけて市内初のアーケードが建設された。この動きに触発されて、同じ中町通の丸屋町商店街、石橋町（現長等）商店街にもアーケードができ、この三つの商店街は一体となり、隣接する浜大津を含め、県下随一の商業地として隆盛を極めた。石山、瀬田、堅田などの各商店街も、通りの入口や中心にアーチやネオン塔を設置したり、商店街組合統一の街灯を設置するなどして賑々しさを演出、地域の核となる商業地として、さらなる客足を呼び込んだ。

昭和三十年代以降、いくつかの好不況の波をもちながらも高度経済成長は進展し、同四十三年、日本は世界二位の経済大国となった。このころには人びとの意識も変化し、大量生産、大量消費の傾向が顕著になりはじめる。それに応えたのがいわゆる流通革命で、流通システムの効率化、小売店の大型化などの革新が起こり、従来の商店街とは様相を異にする販売形態、すなわち、このころ普及しはじめた自家用車での来店を前提とする大型量販店やスーパーマーケットが出現した。彦根で創業した平和堂が大型スーパーの形態で同四十五年に石山に開店、また、同五十年には菱屋町商店街に西友大津店が開店した。その後、郊外各地に同様の大型店舗が出店し、「大津百町」や地域の伝統的商店街は苦境に立たされるようになった。この傾向は、およそ四十年経った現在でも変わっておらず、いまや商業の中心地は郊外の幹線道路沿いに遷移している。

**▲丸屋町商店街のアーケード竣工式**　昭和37年、菱屋町商店街に続いて丸屋町商店街にもアーケードが完成、竣工式が執り行われた。〈中央・昭和37年・提供＝丸屋町商店街振興組合〉

**◀京町通から武徳殿を望む**　現在、鍛冶屋町自治会館がある交差点から南を見ている。傘をさした女の子が歩くのが旧東海道の京町通。左奥の大きな屋根は「武徳殿」で、昭和12年に大日本武徳会滋賀県支部の武道館として建てられた。この写真の撮影年に滋賀県体育文化館と改称。平成21年に閉館、建物は同30年に取り壊された。〈中央～京町・昭和31年・撮影＝谷本勇氏、提供＝大津市歴史博物館〉

**▼京町通**　現在の中央２丁目南交差点から西を望んでいる。京町通は旧東海道にあたり、宿場町として発展した大津のメインストリートであった。写真でも、看板を掲げた商店が建ち並び、車や人通りも多く、賑わいを見せている。〈京町～中央・昭和32年・撮影＝谷本勇氏、提供＝大津市歴史博物館〉

**▲菱屋町商店街の東入口**　電車道を挟んで、菱屋町商店街の東の入口を望む。同商店街にアーケードが設けられたのは昭和 30 年のこと。当時、北東角にはパチンコ店「ニューヨーク」があった。通りを行くのは京町にある古刹・乗念寺の稚児行列で先頭を歩く僧侶の一団。〈京町・昭和 38 年・提供＝前田浩史氏〉

**▼札の辻西側の町並み**　上写真と同じ乗念寺の稚児行列の一景。現在のフレンドマート大津なかまち店の南から札の辻（京町一丁目交差点）を望む。通りの右側には、現在も商いを続ける友定金物店や鮒寿司で有名な阪本屋が並ぶ。左側の銭湯・角湯は現存しない。〈長等・昭和 38 年・提供＝前田浩史氏〉

**▶アーケード設置後の菱屋町商店街①**　菱屋町商店街のアーケードは市内最初のもので、昭和30年に取り付けられた。写真奥が丸屋町商店街。〈中央・昭和38年・撮影＝前野隆資氏、提供＝滋賀県立琵琶湖博物館〉

**▼アーケード設置後の菱屋町商店街②**　道の両側にあった鈴蘭灯は撤去され、台形状の街路灯が並ぶ。〈長等・昭和37年・撮影＝前野隆資氏、提供＝滋賀県立琵琶湖博物館〉

**▲菱屋町商店街に西友が開店した日②**　西友の大きな紙袋や包みを持って菱屋町商店街を歩く買い物客。西友は40年間アーケード街の大型スーパーとして親しまれたが、平成27年に閉店。現在、跡地はフレンドマート大津なかまち店に姿を変えている。〈長等・昭和50年・提供＝菱屋町商店街振興組合〉

**▼菱屋町商店街に西友が開店した日①**　昭和50年、菱屋町商店街に西友大津店が開店した。現在では当たり前となった大型スーパーマーケットのさきがけであった。同商店街東口には「祝開店 西友大津店」の横断幕がかかり、通りの奥は開店セールに集まった人びとでごった返している。〈長等・昭和50年・提供＝菱屋町商店街振興組合〉

**◀阪神タイガース選手のサイン会**　菱屋町商店街で行われた。写真中央に座るのは強打者として知られた掛布雅之選手。サインを求めて集まった人のなかには野球少年ばかりでなく若い女性の姿も見える。〈長等・昭和52年・提供＝菱屋町商店街振興組合〉

**▶電車道と丸屋町商店街西口**
菱屋町と丸屋町、ふたつの商店街を行き来する多くの買い物客が横断歩道を渡る。西友大津店の開店に合わせ、各商店街もセールを行った。〈中央・昭和50年・提供＝丸屋町商店街振興組合〉

**▼丸屋町商店街のアーケード竣工**
灯りのともったアーケード街は、昼間とは異なる華やいだ空間となった。〈中央・昭和37年・提供＝丸屋町商店街振興組合〉

◀**ナカマチ商店街の歳末大売出し**　アーケードで繋がった長等、菱屋町、丸屋町の、通称ナカマチ商店街で行われた歳末大売り出し。紅白幕や造花の飾り付けが正月気分を盛り上げている。歳末大売出しにつきものの福引きの特賞はフィリピンのマニラ旅行だったようだ。〈中央・昭和49年・提供＝丸屋町商店街振興組合〉

▲**アーケード改築工事前の丸屋町商店街**　昭和37年に完成した初代アーケード。同50年に解体され建て替えられた。〈中央・昭和50年・提供＝丸屋町商店街振興組合〉

**◀アーケード解体工事が始まった丸屋町商店街**　アーケードは骨組みのみとなり、空が見えている。〈中央・昭和 50 年・提供＝丸屋町商店街振興組合〉

**▲平和と安全の祭典**　昭和 40 年代半ばに大津市が主催した行事で、自衛隊や各新聞社がナカマチ商店街で展示物を出し、またパレードを行って市民に「平和と安全」を啓発した。阿波踊りは本場の徳島から招聘《しょうへい》した。左写真は交通安全と火の用心を呼びかけるびわこ海洋少年団。〈長等・昭和 44 年・提供＝長等商店街振興組合〉

**▲石橋町商店街①**　現在の長等商店街である。モダンな鈴蘭灯に彩られた商店街。その奥の長等山山腹には雪を頂く三井寺観音堂が見える。ねんねこ半纏《はんてん》、割烹着など、商店街を行く女性たちの装いに時代を感じる。〈長等・昭和32年・撮影＝前野隆資氏、提供＝滋賀県立琵琶湖博物館〉

**▲石橋町商店街②**　前ページの写真から少し西に進んだところ。通りを西に望んでいる。石橋町は現在の長等２丁目あたりの旧町名。このころはアーケードもなく、正面には長等山が見えた。〈長等・昭和 32 年・提供＝大津市歴史博物館〉

**▲▼全国チンドン屋大会**　ナカマチ商店街連合会で企画されたイベント。丸屋町から菱屋町、長等の各商店街を賑やかなチンドン屋がパレードした。〈長等・昭和 45 年・提供＝長等商店街振興組合〉

▲**大津駅前**　駅前広場から駅前通（現寺町通り商店街）のアーチを望む。右の光庭食堂の上部には、当地の地酒の看板がいくつも掲げられている。当時はまだ中央大通がなかったため、この道が大津駅から浜大津方面へ向かう目抜き通りであった。〈末広町・昭和33年頃・提供＝大津市歴史博物館〉

◀**駅前通にできた喫茶店**　純喫茶マリモ開店の日。白シャツに蝶ネクタイのウェイター、ワンピースにエプロン掛けのウェイトレスの服装から、当時の喫茶店の雰囲気が伝わってくる。〈中央・昭和35年・提供＝アイデア商事〉

▶**浜大津交差点**　南を望む。手前の踏切には江若鉄道、その向こうには京阪電鉄京津線の電車が走っている。ひときわ目立つナショナルの広告塔は浜大津のランドマークであった。〈浜大津・昭和30年代・提供＝大津市歴史博物館〉

◀**電車道から浜大津を望む**　菱屋町商店街東口にあったイマホリ百貨店の屋上から浜大津方面を見ている。電車道には、このころ大活躍していた三輪トラックが見える。〈昭和33年頃・提供＝大津市歴史博物館〉

**▲八町通**　京阪電車が電車道と合流するところ。センターラインもなく、道の両側には木造の商店が軒を連ねている。遠景には、柳が崎にあった琵琶湖ホテルが写っている。〈札の辻〜京町・昭和32年・撮影＝谷本勇氏、提供＝大津市歴史博物館〉

**◀大津公民館**　GHQの指導により昭和21年に文部省が各市町村に公民館設置の指示を出してから1年足らず。大津公民館が全国に先駆けて開館したのは、新憲法施行の昭和22年5月3日である。建物は昭和9年竣工の大津市公会堂を再利用した。同60年には大津市社会教育会館と改称。その後、老朽化や耐震上の問題で存続が危ぶまれたが、保存を求める市民運動もあり、当時の洋館の雰囲気を残して整備された。現在はレストランの入る商業施設となっている。〈浜大津・昭和30年代・提供＝大津市歴史博物館〉

**▶浜通の商店**　現在の浜大津3丁目にあった山本硝子店。右端に写るオート三輪で、商品のガラスを県内各地、遠くは高島町（現高島市）や彦根市にまで運んでいたという。〈浜大津・昭和24年頃・提供＝山本忠勝氏〉

**▲浜大津駅付近**　京阪電鉄と江若鉄道の浜大津駅の間を北向きに撮影。中央のアーチは汽船乗り場で、その右の煉瓦の建物は琵琶湖汽船の本社。アーチ左の建物には「江若バスのりば」とある。〈浜大津・昭和27年頃・提供＝清水弥一郎氏〉

**◀京阪レークセンター前**　京阪レークセンターは昭和41年に開業した娯楽施設。パノラマプールが話題を呼び、夏休みや週末には多くの家族連れがマイカーで訪れた。その駐車場でカメラに収まる姉妹の後ろには、大津公民館と電電公社（現NTT）の建物が写る。〈浜町・昭和46年・提供＝松浦すみ江氏〉

**▼琵琶湖文化館**　湖上に浮かぶ城郭のような建物が特徴的である。昭和36年の開館以来、近江の貴重な文化財を収納した総合博物館として、県立産業文化館から引き継いだ収蔵品をはじめ、歴史資料、近現代美術、淡水魚など多岐にわたる展示を行ってきた。その後、新しくできた博物館や美術館に収蔵品が順次移され、ここには仏教美術に関する文化財が残されたが、建物の老朽化などを理由に平成20年から休館となっている。〈浜町・昭和48年・提供＝山本光晴氏〉

**▲市役所前を行進**　日本ボーイスカウト大津第６団少年隊が行進中。後ろの建物は大津市役所で、昭和３年の天皇の即位大礼に合わせて建てられ、現在地に移転する同42年まで使われた。現在この場所はNTT大津支店となっている。〈浜大津・昭和30年代・提供＝山本忠勝氏〉

**▼滋賀会館**　昭和27年に焼失した滋賀県産業会館の跡地に翌年竣工。県公会堂、県立図書館をはじめ、映画館としても利用可能な大ホールや結婚式場、ホテル、地下商店街などさまざまな機能を備えた複合文化施設で、県立としては全国的にも最大規模であった。老朽化にともない平成20～25年に段階的に閉鎖され、同26～28年に解体された。跡地は日本放送協会に売却され、現在、NHK大津放送局の移転が進められている。〈京町・昭和44年・提供＝滋賀県〉

◀**大津商工会議所**　誕生は明治17年。現在地に落ち着くまでに何度も移転を繰り返した。昭和22年には、同9年から使用していた橋本町（現中央）の建物が公民館開設のためGHQに接収され、移転を余儀なくされた。その後仮事務所を経て小唐崎町（現京町）に移転。写真はその当時の建物である。同38年に打出浜に移転するまで使われた。〈京町・昭和30年代・提供＝大津市歴史博物館〉

▶**NHK大津放送局**　昭和16年に湊町（現浜大津）に大阪中央放送局大津出張所として開設され、同26年に大津放送局となった。その後、橋本町（現中央）に移転した当時の建物である。昭和42年に打出浜の現在地に移転するまでここにあった。現在は滋賀会館跡地への移転計画が進められている。〈中央・昭和30年代・提供＝大津市歴史博物館〉

◀**滋賀県庁舎本館**　昭和14年に竣工した庁舎本館を現在の県道103号から西方向に望んでいる。業務の拡大により、戦後、この周辺に別館、新館、東館が建てられたが、本館はいまも引き続き使用されている。〈京町・昭和31年・提供＝大西明氏〉

**▲県庁南側を行くボンネットバス**　県庁本館の南西、現在の教育会館前あたりから北を望んでいる。現在、写真右のあたりには、昭和49年竣工の県庁新館が建っている。ボンネットバスは大津駅の方へ曲がろうとしている。〈梅林・昭和34年・撮影＝谷本勇氏、提供＝大津市歴史博物館〉

**▶県庁南側の道**　未舗装の道路で、作業員が手作業で木を切り倒している。左には2階建ての民家が並ぶ。このあたりは当時、大津駅近くののどかな新興住宅地であった。写真右側は現在、県教育委員会の入る教育会館となっている。〈梅林・昭和30年・撮影＝前野隆資氏、提供＝滋賀県立琵琶湖博物館〉

**◀島の関の路地**　中央小学校の北、自宅前の路地でバットを振る小さな男の子。左に写る板塀は法務局の塀で、現在の太陽生命大津支社の場所。当時は路地の突き当たりがすぐ湖岸だったが、埋め立てが進み、現在は大津市民会館が建っている。〈島の関・昭和38年頃・提供＝前田浩史氏〉

**▶雪の日の朝①**　傘をさして登校する子どもたち。登校前にみんなでつくったのだろうか、雪だるまも傘をさしてお見送り。〈三井寺町・昭和31年・撮影＝前野隆資氏、提供＝滋賀県立琵琶湖博物館〉

**◀雪の日の朝②**　降りしきる雪をものともせず、帆布袋いっぱいに牛乳瓶を詰め配達に向かう男性。荷台に載せずにハンドルの両側にかけるのは、昔、ブリキ缶をふたつ下げ、量り売りをしていたころの名残か。〈三井寺町・昭和31年・撮影＝前野隆資氏、提供＝滋賀県立琵琶湖博物館〉

**▲占領軍の自動車が通りを行く**　御陵町、現在のクリーニング店の前付近から南を望んでいる。走っているのは占領軍（当時は「進駐軍」と呼んだ）の外車。当時、外車は珍しく、子どもたちは見つけると追いかけていた。〈御陵町・昭和25年頃・提供＝清水弥一郎氏〉

**▼別所駅付近**　現在の京阪石坂線大津市役所前駅の西。右側の車は、占領軍キャンプA地区（現大津市役所）から出てきたところ。交差点の奥には、当時廉価なトラックとして広まったオート三輪が見える。〈御陵町・昭和25年頃・提供＝清水弥一郎氏〉

**◀完成した新市役所庁舎**　当初、新市庁舎は打出浜の埋立地に移転される予定だったが、昭和39年に計画が中止された。その後、皇子が丘公園丘陵地への移転も検討されたが、最終的に占領軍キャンプA地区跡地への移転が決まった。紆余曲折を経て竣工した鉄筋の庁舎は、50年を経たいまも現役である。〈御陵町・昭和42年・提供＝大津市歴史博物館〉

**▲膳所の旧東海道**　いまも営業を続ける寿司店・つる家前から北を望む。奥に滋賀銀行膳所支店の看板が見える。膳所藩の城下町として栄えた東海道沿いの商店街である。〈本丸町・昭和38年・撮影＝椙山満氏〉

**◀石山商店街のネオン塔**　現在の松原町西交差点から南を見た写真。「石山観光」と書かれたネオン塔は昭和32年に設置された。石山寺の多宝塔をイメージして設計されたという。〈粟津町～松原町・昭和30年代・提供＝大津市歴史博物館〉

**▲石山駅界隈**　現在の松原町西交差点から西を望む。道の先には京阪石坂線の踏切が見え、その先の左側に京阪石山駅 、右側に国鉄石山駅が位置する。昭和２年、東洋レーヨン滋賀工場が操業を開始すると駅周辺は急速に発展し、旧東海道筋に商店街が形成された。〈粟津町・昭和40年頃・提供＝スミレ写真館〉

**▼京阪踏切から南を望む**　京阪石山駅東の踏切から見た町並み。写真奥には高架になった国道１号が東西に横切っている。〈粟津町～松原町・昭和40年頃・提供＝スミレ写真館〉

**◀国道１号高架建設中**　男性２人の後ろに立つ鉄筋コンクリートの柱は、高架工事中の国道１号の橋脚。路上脇にはリヤカー、自転車、オート三輪が駐車し、四輪トラックが普及する以前の輸送手段がそろっている。写真奥には京阪電鉄の踏切が見える。〈粟津町～松原町・昭和 30 年頃・提供＝加藤義治氏〉

**▼石山商店街、スミレ写真館前**　北向きに撮影。駐輪した自転車の前輪が見えている左端の建物が、いまもあるスミレ写真館。そこから、料理屋、紳士服店、３階建てビルが建ち並ぶ。右奥が現在の松原町西交差点で、商店街の歓迎アーチは、いまはなくなっている。〈粟津町～松原町・昭和 40 年頃・提供＝スミレ写真館〉

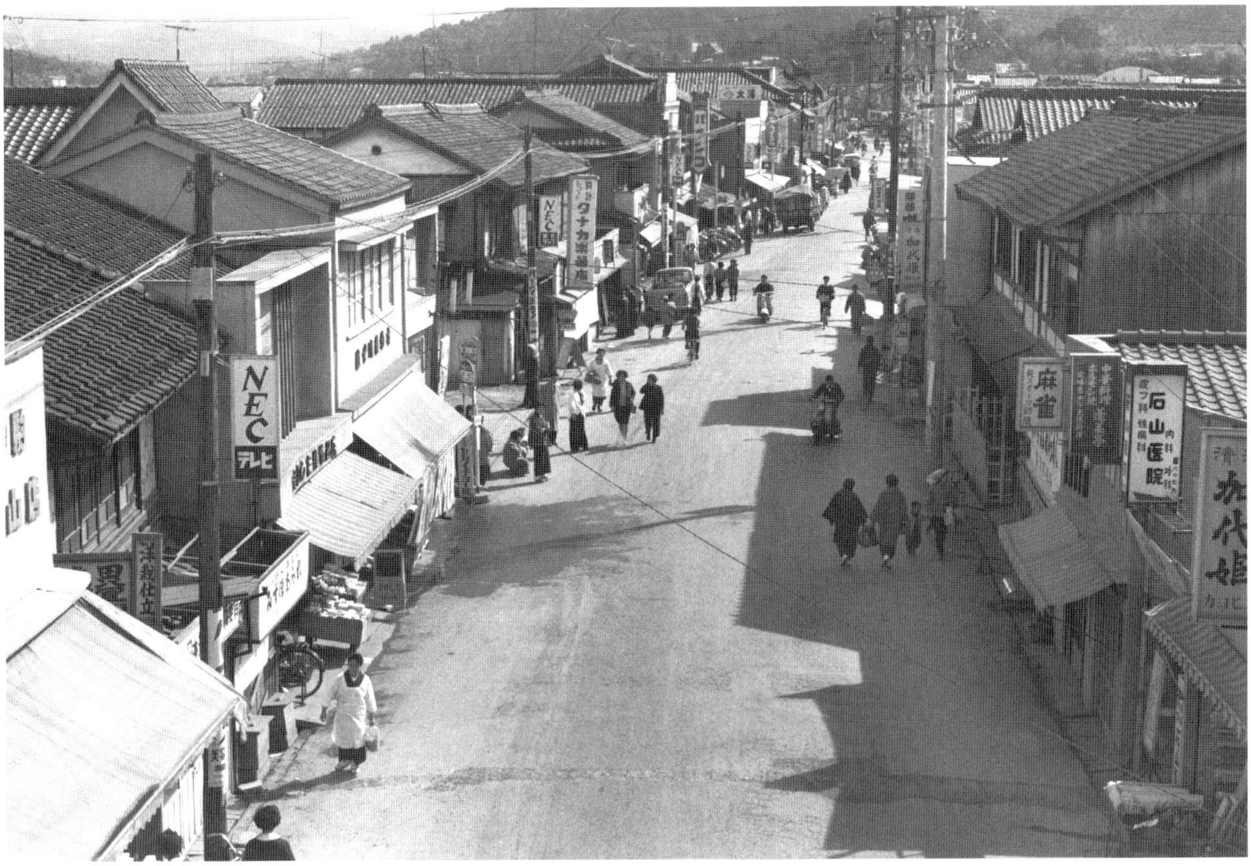


**▲石山栄町商店街**　高架になった国道１号から南を望んだもの。写真中ほどに松原バス停が見える。割烹着、買い物籠を提げた女性の姿がちらほらと見える。東レの進出以降、石山商店街は付近で一番の賑わいを見せるようになった。〈粟津町～松原町～栄町・昭和 34 年・撮影＝前野隆資氏、提供＝滋賀県立琵琶湖博物館〉

**▼瀬田橋本町商店街**　唐橋東詰を望む。写真中ほどから奥にかけて、江戸時代の街道筋の名残を伝える町家が連なっている。奥に見えるアーチは商店街の西側入口を示すもので、「観光瀬田」と記されていた。〈瀬田・昭和 39 年・提供＝大津市歴史博物館〉

**◀江若鉄道堅田駅前**　昭和29年、堅田小学校で第4回学校放送教育研究会関西大会が開かれた。写真は、江若鉄道の堅田駅前につくられた歓迎アーチ。町をあげて出席者を出迎えた。〈本堅田・昭和29年・提供＝堅田小学校〉

**▲坂本六丁目交差点付近①**　日吉御田神社角から南を望む。右側は青果と食料品を扱った「八百三商店」で、店先には菓子の入った瓶が並び、手前にはラムネなどの飲料が置かれている。奥に向かう道は「瓢箪《ひょうたん》辻子《ずし》」と呼ばれる。まっすぐ進むと坂本小学校。〈坂本・昭和27年・撮影＝福田徳郎氏、提供＝斎藤ちづ子氏〉

**▲坂本六丁目交差点付近②**　八百三商店前から東方向を見る。店先には木箱や樽、竹籠に入った商品が並ぶ。その向こうは荒物屋「松助」。生活雑貨を幅広く扱っていた。〈坂本・昭和37年・提供＝斎藤ちづ子氏〉

**▶坂本六丁目交差点付近**
③　日吉御田神社前から八百三を見る。軒先に「ハウスカレー」「コカコーラ」といった看板が取り付けられている。〈坂本・昭和37年・提供＝斎藤ちづ子氏〉

フォトコラム
# 占領軍と大津

**▲キャンプ大津Ａ地区**　昭和 20 年 10 月、アメリカ陸軍第 136 連隊が 4 日と 5 日の両日に分かれて特別列車で大津へ進駐した。写真はアメリカ軍に接収された旧大津陸軍少年飛行兵学校の兵舎で、隣接する京都陸軍病院大津分院と合わせて占領軍の駐屯地となった。現在の大津商業高校付近を南向きに写している。〈御陵町・昭和 25 年頃・提供＝清水弥一郎氏〉

　昭和二十年八月、敗戦国日本において占領政策を実施する機関として、連合軍最高司令官総司令部（ＧＨＱ）が横浜に設置された。同年九月、京都に西日本方面の司令部が置かれると、大津市錦織町にあった琵琶湖ホテルが接収されて占領軍将校の宿舎となった。次いで十月に接収された別所の大津陸軍少年飛行兵学校と、際川の大津、滋賀両海軍航空隊跡地はそれぞれキャンプ大津Ａ地区、同Ｂ地区となり、アメリカ軍第六軍一三六連隊二千九百十人が進駐して滋賀県軍政部が置かれた。

　滋賀県はそれに先立って、県進駐軍連絡事務局を設けて間接統治を敷く占領軍との窓口とし、「連合軍進駐地附近住民の心得帳」を配布、大津市も各町内会に「連合軍進駐ニ付イテ留意スベキ事項」を通達するなどして、近隣住民に占領軍とのトラブルの予防を呼びかけた。これは、占領軍兵士はアメリカ軍ＭＰ（憲兵）の管轄下に置かれていたため、不法行為をはたらいた場合、県や市では対処できないための対応であった。

　翌年四月、県庁内に軍政部とＭＰ本部が移転したのに続き、七月にはさらに約五十万平方メートルもの広さを持つ大津水耕農園が開設された。九月、占領軍の家族用住宅として新築された皇子山ハイツが提供されるなど、占領軍のための環境が次々と整備されていった。昭和二十三年には国が費用を負担し軍用給水専用の上水道も完成している。

　こうした占領軍の駐留にともなって、市内には土産物店や飲食店など、将兵を相手に商売をする店が相次いで開店した。その一方で、琵琶湖ホテルなどでの通訳や守衛、皇子山ハイツの住宅での給仕、大津水耕農園で農薬を扱う専門職など、軍施設内で働く日本人も多く見られた。

　昭和二十七年四月のサンフランシスコ講和条約発効により日本の主権が回復、連合軍による占領が終わったものの、同時に締結された日米安全保障条約によってアメリカ軍のキャンプ大津駐留は続いた。しかし同三十二年、アイゼンハワー大統領が公表した在日米軍削減の対象に、キャンプ大津ＡＢ両地区を基地とする師団が含まれていたことから状況は一変する。大津市は市をあげて、跡地利用を含むキャンプ地返還運動に取り組んだ。

　こうして、接収されていた土地や施設は順次返還されていったが、その一方で、接収解除後の補償や、離職した軍施設の日本人労務者の再就職など対処すべき課題は多かった。なかでも跡地利用をめぐっては、キャンプ大津跡地への自衛隊移駐に賛成する国や県と、それに反対する市が激しく対立した。議会や市民総ぐるみの運動の結果、昭和三十三年、A地区に関しては最終的に市の案が承認されて、返還運動に区切りをつける形となった。奇しくも明治三十一年に大津市に市制が施行されてから六十年目のことであった。

**▲皇子山の占領軍兵舎**　大津に駐屯する占領軍のための宿舎設営は、多くの市民の労役奉仕によって行われた。とくに占領軍到着の前後には、大工、電気工、水道工などの職人約300人のほか、一般の作業員が1日あたり約2,000人も動員されたという。写真は皇子山に建てられた占領軍兵舎。〈御陵町・昭和34年・撮影＝前野隆資氏、提供＝滋賀県立琵琶湖博物館〉

**▶金網越しの皇子山ハイツ**　占領軍の駐屯先が定まるや否や、昭和20年12月、連合軍最高司令官総司令部（GHQ）は、日本政府に対して2万戸もの占領軍の家族用住宅を建設するよう要求した。こうした住宅は「デペンデントハウス」と呼ばれて翌年から各地に建設され、大津でも、現在皇子が丘公園テニスコートやマンションがある付近に、皇子山ハイツが新築された。周囲には金網が張られ、一般の日本人の立ち入りが禁じられていた。〈山上町・昭和25年頃・提供＝清水弥一郎氏〉

**▼大津ユースホステルセンター前**　昭和27年のサンフランシスコ講和条約の発効後、日米安全保障条約により同32年まで大津に駐留していたアメリカ軍の撤退が始まると、キャンプ大津司令部や皇子山ハイツなどの関連施設も順次、国に返還されていった。同35年、旧皇子山ハイツの敷地が国から市へ無償貸付されることが決まり、皇子が丘公園として整備された。また敷地の一部は国の管理地として、翌年6月に国立大津ユースホステルセンターが開館し、旧皇子山ハイツの住宅もその宿舎に活用された。同センターは平成12年に閉館となっている。〈山上町・昭和40年・提供＝清水弥一郎氏〉

**◀大津水耕農園**　旧滋賀海軍航空隊跡地（約50万平方メートル）が接収され、占領軍の食卓に供するため、ふん尿などの肥料を用いない野菜農園が建設された。水耕農園の呼び名のとおり、ガラス張りの温室のなかにコンクリート漕に礫を敷いた栽培床をつくり、ポンプで化学肥料の養液を流してトマト、セロリ、レタス、パセリなどを栽培していた。現在のタキイ種苗が種を提供して、最盛期には日本人の農園従事者が500人もいたという。〈唐崎・昭和30年代・提供＝大津市歴史博物館〉

**▶英文の看板を掲げた店舗**　占領軍の大津駐留にともない、大津市内にも県の営業許可を受けたビアホールや飲食店、ダンスホールなど将兵相手の店が開設されて賑わった。一方、キャンプ大津付近では、英文の看板を掲げてアメリカ人相手に商売をする一般の商店も現れた。中華料理店の看板のチャプスイ（CHOP SUEY）の綴りが間違っているのもご愛敬。〈御陵町・昭和20年代・提供＝大津市歴史博物館〉

**▶キャンプ大津の兵舎でベッドメイキング**
現在の皇子山付近にあったアメリカ軍兵舎では、通訳や修理士だけでなく、さまざまな仕事に従事する日本人労務者が必要とされていた。アメリカ軍キャンプでの仕事は、言葉はもちろんアメリカ人の生活習慣やマナーなどを理解できなければ務まらなかった。〈御陵町・昭和32年・提供＝間宮和彦氏〉

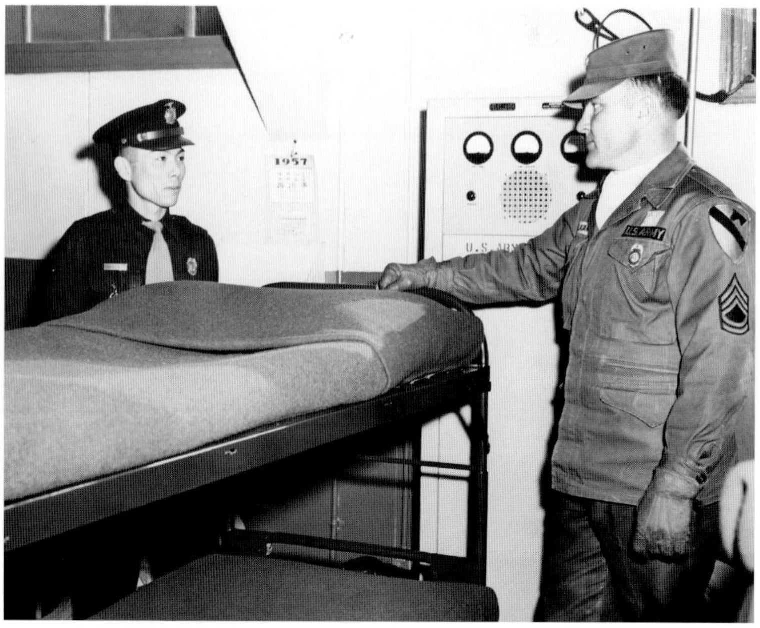

**◀軍用車の洗車**　アメリカ軍が使用する軍用車の洗車も仕事のひとつ。平屋の兵舎前に並んだ消防車などの緊急車両を丁寧に洗っている日本人従業員たち。右奥のジープはウィリスMD、その手前にGMCの消防車が2台並び、一番左の51年型シボレー前面のプレートにはFIRE CHIEF（消防司令）の文字が見える。〈御陵町・昭和32年・提供＝間宮和彦氏〉

**▶消防車を洗車**　緊急時の出動に支障をきたさないよう、消防車の洗車と整備に余念がない。写真の消防車のベースとなっているのは、太平洋戦争中にアメリカのゼネラルモーターズが開発した2.5トンの軍用トラックGMC CCKW。ホースの接続口がフロント部分に集中して付けられている。〈御陵町・昭和32年・提供＝間宮和彦氏〉

# 5 変貌した風景

戦後、交通網の著しい発達によって人びとの生活圏は拡大し、日本は「狭くなった」といわれる。大津でいえば、バス路線の拡充によって市内の行き来が便利になったのはもちろんのこと、電化され、輸送力の大幅な増強をみた東海道本線によって京都や大阪が通勤圏内となり、その結果ベッドタウン化が進展、市の様相は大きく移り変わった。

昭和二十六年、国鉄大津駅の南側に市営音羽台団地が完成した。これは、滋賀県の公営住宅で初めての鉄筋コンクリート造住宅で、続いて同二十八年には県営朝日が丘団地の建設も始まった。住宅開発はその周辺部にも広がり、同三十年代には、膳所駅南方の山手に大規模な住宅地が形成された。また、同三十四年には、県が瀬田町神領に住宅団地を建設すると発表。この章には同団地の草創期の貴重な写真が収められている。なお、当時、住宅団地は一般的な住宅に比べて「文化的」な設備が多く備わっているとされ、庶民の羨望を集めていた。神領団地にも、共同浴場や屋内外の運動施設などが設置され、建物一階には商店が入るなど、住民の利便性は高かった。

昭和四十年代に入ると、それまでよりもさらに郊外で、民間資本による戸建て住宅地の開発が進んだ。これには地価の高騰、自家用車保有率の向上などの理由があり、大都市の企業に勤めるサラリーマンが、郊外に一戸建てを持つというスタイルが一般的になりはじめた。

大津では、江若鉄道を受け継ぐ形で開業した国鉄湖西線が、市中心部の浜大津を経由せず京都へ抜ける経路をとったため、沿線である現市域北部の坂本、迎木、小野、和邇はベッドタウン化が顕著となった。また、昭和四十五～五十年にかけては市南部にも住宅が開発され、石山、瀬田、田上にいくつものニュータウンが出現した。同五十二年、大津市の人口は二十万人を突破、それと引き換えに、郊外に広がっていた里山の風景は大きくその姿を変えた。

昭和二十八年の台風十三号により、瀬田川下流の淀川流域が大きな被害を受けたため、翌二十九年に「淀川水系改修基本計画」が策定された。この計画により宇治市に天ヶ瀬ダムが建設されることとなり、その結果、石山外畑町など五町が水没することになり、外畑町は全世帯が集団移住となった。

**▲下今宿の風景**　和邇《わに》川が琵琶湖に注ぐ河口付近、現在の県道558号の東側を並走する細い道での情景。現在も田畑が広がり、のどかな風景を残している。〈和邇今宿・昭和37年頃・提供＝田中宏氏〉

**▲大津駅付近を遠望①**　現在の音羽台の高台から北東を望む。写真左中ほどの白く長細いものは大津駅のプラットホームの屋根。その奥に見える滋賀県庁舎本館には、太平洋戦争中の空襲対策で施された迷彩の塗装が残る。中央部分は逢坂小学校の木造校舎で、昭和27年に鉄筋コンクリート造の新校舎が建設された。大津駅に南口ができたのは平成12年のこと。〈音羽台・昭和27年・提供＝逢坂小学校〉

**▼大津駅付近を遠望②**　関蝉丸神社下社あたりの高台から東を望む。写真中央に大津駅、その左に滋賀県庁本館が見える。〈昭和38年・撮影＝椙山満氏〉

**▲▼小関《こぜき》越えの道**　古来、大津と京都を結ぶ道はふたつあり、逢坂山南麓の東海道（現国道1号）を通る峠道を大関越え、三井寺から長等山を越えて山科に至る峠道を小関越えと呼んでいた。昭和57年に国道161号の西大津バイパスが開通すると、大津～京都間はトンネルで簡単に抜けられるようになったが、写真の道も舗装されて今はハイキングコースになっている。〈小関町・上／昭和33年、下／昭和34年・撮影＝前野隆資氏、提供＝滋賀県立琵琶湖博物館〉

**▲逢坂の国道分岐点**　現在の逢坂１丁目、国道１号と161号の分岐点を走る自動車と京阪電車。このころはまだ自動車の交通量が少なかった。〈逢坂・昭和33年・撮影＝前野隆資氏、提供＝滋賀県立琵琶湖博物館〉

**▲千石岩から東を望む**　中央やや左に見えるのが昭和35年に開設された皇子山球場。球場の上（東側）に皇子山中学校が位置する。湖岸には競艇場も見える。〈昭和36年頃・提供＝池田俊男氏〉

**▶大津インターチェンジ付近から市内中心部を望む**　昭和38年、日本初の高速道路として名神高速道路（栗東〜尼崎間）が開通、大津インターチェンジには日本初のサービスエリアが併設された。写真手前の駐車場がそれである。〈昭和47年・提供＝滋賀県〉

**▶浜大津の湖岸風景**　琵琶湖に初めてヨットクラブが設置されたのは大正11年。昭和初期には大学や商船学校ヨット部による競技が盛んになり、オリンピック選手も輩出した。戦後の昭和21年、第1回国民体育大会が関西で開催されると、琵琶湖がヨット競技の会場となった。このころはまだ滋賀県ヨットハーバーは完成しておらず、写真のような木製デッキの船着場から出航していたと思われる。〈浜大津・昭和35年頃・提供＝滋賀県〉

**▲大津港で写生をする子どもたち**　中央小学校児童たちの校外での写生風景。当時の港のようすがよくわかる。琵琶湖に背を向けて何を描いているのだろうか。〈浜大津・昭和34年頃・提供＝中央小学校〉

**◀水上飛行機乗り場**　関西航空（現かんこう）が昭和36～47年まで運行していた水上飛行機。2機の飛行機で浜大津から琵琶湖上や京都上空での遊覧飛行を行っていた。このあたりは現在、琵琶湖ホテルとなっている。左端は市役所。〈浜町・昭和36年・撮影＝谷本勇氏、提供＝大津市歴史博物館〉

**▶第一琵琶湖疏水の取水口付近**　琵琶湖の水を京都へと流す第一疏水は明治23年、第二疏水は同45年に完成した。京阪電鉄三井寺駅の東側である。〈浜大津・昭和32年か・提供＝京都市上下水道局〉

**◀整備中の打出浜埋立地**　現在のにおの浜一丁目交差点付近である。写真の女性たちは近くの洋裁店の店員で、ここで昼休みにドッジボールなどをしていたという。〈打出浜～におの浜・昭和36年頃・提供＝松浦すみ江氏〉

**▲不動川の河口**　不動川は琵琶湖に注ぐ117の一級河川のひとつで、山上町の早尾神社付近を水源とする。現在、河口の南は競艇場「ボートレースびわこ」となり、その北にはマンションや大型商業施設が建ち並び、景観は一変している。〈茶が崎・昭和31年・撮影＝前野隆資氏、提供＝滋賀県立琵琶湖博物館〉

**▼大津ユースホステルセンター**　写真中央の白い建物で、左側に隣接する元アメリカ軍将校邸宅も宿舎となった。昭和34年にここに国立国際会館を誘致する計画があったが叶わず、大津市はそれ以前から計画していた国立ユースホステルの建設を積極的に国にはたらきかけた。そのかいあって同35年に建設が決まり、翌年には一帯を青少年レクリエーションパークとする構想が発表された。〈山上町・昭和47年頃・提供＝清水弥一郎氏〉

**◀山上不動堂の参道で**　山上不動堂の開基は平安時代の三井寺の祖、智正大師と伝わる。早尾神社に隣接し、その参道を途中で南に入った先に懸造りの不動堂が建つ。〈山上町・昭和25年頃・提供＝山本忠勝氏〉

**▼千石台からの眺め**　昭和30年代以降、大津市の人口は急増し、人びとの持ち家指向もあり、市街地周辺部にさまざまな規模の開発団地が多数造成された。千石台もそのひとつ。現在、そこから見える風景は、大津京駅付近の開発が進んだため、宅地化が著しい。〈昭和30年頃・提供＝斎藤ちづ子氏〉

**▶千石岩**　早尾神社からさらに西方向に登っていくと、高さ30メートルほどの大岩が立ちはだかる。昔は子どもの遊び場だったという。〈山上町・昭和25年頃・提供＝山本忠勝氏〉

**◀県営朝日が丘住宅**　昭和28～34年に建設された。写真の3階建ての住宅は、螺旋《らせん》階段を中心に据え、住戸を三方に伸ばすことによって採光を確保する設計で、「スターハウス」と呼ばれた。当時は珍しい住宅として注目された。バルコニーに物干し竿が架けられないためか、屋外に物干し場が設置されている。〈朝日が丘・昭和33年・撮影＝谷本勇氏、提供＝大津市歴史博物館〉

**▶開発途中の南郷グリーンハイツ**　南郷2丁目に現在もある霊園から東を望んでいる。奥に見える山並みは田上方面。南郷グリーンハイツの造成は大津市のベッドタウン化が進んでいた昭和40年代後半から始まった。いまは写真の場所はすべて住宅に変貌している。〈南郷・昭和51年・提供＝堀井吉朗氏〉

▲▼**県営神領《じんりょう》団地**　昭和30年代の交通網整備にともなって、大津市とその周辺は京都、大阪のベッドタウン化が進み、住宅不足の解消が重要な課題となっていた。昭和34年、県は瀬田町神領、建部大社の東にあたる三大寺山を造成し、県下最大の住宅団地を建設すると発表、同40年には400戸を超える住宅団地となった。建物1階には商店が並び、団地内には共同浴場、児童公園、屋内運動施設も備えられた。当時の建物は、平成元～16年に建て替えられた。〈三大寺・昭和40年・提供＝高嶋貴子氏〉

**▲東洋レーヨン滋賀工場**　終戦の翌月に早くも再開。GHQの管理下で厳しく生産が統制され、原材料や資金も不足するなか困難な経営を強いられたが、昭和25年にレーヨン糸の生産を再開した。この写真が撮られた同31年には、園山台地に中央研究所が開設された。現在は管理部門や研究開発部門などの本社機能が集中する滋賀事業場となっている。〈園山・昭和31年・提供＝大西明氏〉

**▶粟津の松並木**　近江八景「粟津晴嵐」にも描かれた旧東海道沿い、粟津中学校あたりを撮影。大正末期までは膳所の城下町から鳥居川にかけて豊かな松並木が残っていたが、戦時中に松根《しょうこん》油《ゆ》採取のため伐採され、まばらになってしまった。〈晴嵐・昭和33年頃・提供＝大津市歴史博物館〉

**◀石山寺付近の瀬田川**　川面に浮かぶシジミ漁船。よく見ると、犬がのんびりと寝そべっている。昭和40年ごろまでは瀬田川一帯でシジミがよく採れ、漁も盛んだった。「セタシジミ」と呼ばれる琵琶湖の固有種で、かつては琵琶湖の漁獲量の半分を占めていたが、同30年前後をピークに以後減少の一途をたどった。〈石山寺・昭和31年・提供＝大西明氏〉

**▶石山の細い道**　現在の県道106号に相当する道。未舗装で道幅も狭く、周辺には里山の風景が広がっている。現在の京滋バイパス石山インターチェンジ付近で、昭和63年、写真の左方にインターチェンジが設けられた。〈平津～石山寺・昭和34年頃・提供＝堀井吉朗氏〉

**◀南郷洗堰**　明治33年の瀬田川改修工事にともない同35年に着工、38年に完成した。昭和36年に建造された現在の洗堰の約20メートル上流にあった。いまもその東側の一部が残されており、隣接する「水のめぐみ館アクア琵琶」で当時の治水を学ぶことができる。〈南郷・昭和30年代・提供＝薮田容子氏〉

**▲水没前の外畑集落**　昭和30年に始まった天ヶ瀬ダム建設工事にともない、水没が決まった写真の外畑集落は、ここから北に上った場所に移転した。右の広場は石山小学校分校の校庭。ダム竣工の昭和39年に廃校となり、本校に統合された。〈石山外畑町・昭和39年・撮影＝前野隆資氏、提供＝滋賀県立琵琶湖博物館〉

**▶大日山から西を望む**　蛇行して流れる千丈川に沿って、岩間寺参詣道が奥へと続く。写真を左右に貫く道は県道大津上野線で、昭和57年に三重県道と合わせ国道422号となった。周辺は同45～50年に住宅地の造成が進み、景観は一変している。〈昭和32年・撮影＝前野隆資氏、提供＝滋賀県立琵琶湖博物館〉

**◀田上《たなかみ》の「湖南アルプス」** 大戸川の支流・天神川に設置された砂防ダムの上で記念写真に収まる子どもたち。湖南地方にそびえる太神山、八筈ケ岳、堂山などの山々は「湖南アルプス」と呼ばれ、ハイキングなどのレジャーで親しまれた。〈田上森町付近・昭和40年頃・提供＝前田浩史氏〉

**▲料亭「あみ定」** 江戸時代に瀬田川の捕れたての魚を船上で調理し、大名に供していたという老舗である。「あみ船あそび」を広めた元祖として知られ、もとは瀬田唐橋東詰の北側にあったが、昭和27年に唐橋中之島の現在地に移転した。写真左はあみ船あそびの船乗り場、右の6階建ての建物は当時営業していた旅館で、その前には送迎用のバスも見える。〈唐橋町・昭和47年・提供＝山本光晴氏〉

**▲瀬田川の汽船**　浜大津港と南郷の間を定期運行していた。当時、周辺の道幅は狭く、バス路線もなかったため、通勤通学の足として活躍した。〈平津・昭和 31 年・撮影＝前野隆資氏、提供＝滋賀県立琵琶湖博物館〉

**▶蛍谷の桜並木**　桜のトンネルを抜ける京阪電鉄のボンネットバス。右に写る京阪電車の線路に沿って浜大津に向かっている。道の両側の桜並木も、今は瀬田川沿いの蛍谷公園にわずかに残るのみである。〈螢谷・昭和 33 年・撮影＝前野隆資氏、提供＝滋賀県立琵琶湖博物館〉

**◀レンゲが咲く見世の田んぼ**　京阪電鉄滋賀里駅の東付近にて。いまは住宅地だが、当時、京阪の線路の東側には一面の水田が広がっていた。昭和30年代ごろまでは、刈り取りが終わった田に、菜種油を採るために菜の花を、同40年代から50年代ごろまでは肥料として鋤《す》き込むためにレンゲを植えていた。〈見世・昭和43年・提供＝清水弥一郎氏〉

**▶坂本の大宮川と九条橋**　大乗寺の北、坂本6丁目に架かる小さな橋。割烹着を着たお母さんと子どもたちの記念撮影。〈坂本・昭和32年頃・提供＝川島直美氏〉

**◀坂本の家並み**　比叡山延暦寺、日吉大社の門前町として栄えた坂本。「穴《あ》太《のう》衆《しゅう》積み」と呼ばれる石積みの街路に建ち並ぶ里坊は、かつて隠居した比叡山の僧侶が住んだといわれる。平成9年に重要伝統的建造物群保存地区に選定され、同16年には歴史的風土保存地区にも指定された。この日は日吉大社の山王祭で、民家の軒先には御神燈がかけられ、晴れ着を着た女の子の姿も見える。〈坂本・昭和33年頃・提供＝川島直美氏〉

**▲高《たか》穴《あな》穂《ほ》神社付近**　四ツ谷川を挟んで坂本から穴太、高穴穂神社方面を望んでいると思われる。茅葺きの民家の奥に大きな松の木が見える。〈坂本～穴太・昭和34年・撮影＝前野隆資氏、提供＝滋賀県立琵琶湖博物館〉

**▼比叡山ドライブウェイからの眺め**　比叡山ドライブウェイは、田の谷峠から比叡山山頂までを結ぶ約8キロの有料道路である。京阪電鉄の子会社が運営する私道のため、自転車や徒歩では利用できない。開通は昭和33年、翌年には沿線に比叡山国際観光ホテル（現ロテルド比叡）が建てられた。〈坂本本町・昭和30年代・提供＝徳永茂氏〉

**▲琴江橋**　雄琴温泉と水泳場を繋ぐ遊歩道の橋で、昭和36年に完成。雄琴は1,200年の歴史を持つ温泉地として知られる。同26年に雄琴村が大津市に合併されると、大津市が温泉開発を進め、観光地として整備された。〈雄琴・昭和30年代・提供＝大津市歴史博物館〉

**▶國華荘付近からの眺め**
雄琴温泉の「國華荘」は、京都の料亭を移築し、昭和15年に割烹旅館として開業した。平成13年に「びわ湖花街道」と改称されている。〈雄琴・昭和30年・提供＝和迩秀信氏〉

▼▶**浮御堂**　海門山満月寺の浮御堂は近江八景「堅田落雁」に描かれた名勝地で、平安時代に恵心僧都が建立したと伝わる。昭和9年の室戸台風で倒壊し、800体の仏像も琵琶湖に沈んだが、地元の人びとの尽力により同12年に再建された。〈本堅田・右／昭和32年頃・提供＝長澤三代子氏、下／昭和38年・撮影＝椙山満氏〉

**▲堅田《かたた》漁港**　琵琶湖を北湖と南湖に分ける最狭部に位置する。平安時代に堅田に京都の賀茂御《み》祖《おや》社（下鴨神社）の御厨《みくりや》（台所）がつくられて鮮魚を献上するようになった。中世には琵琶湖の漁業権と通行権を握った「堅田衆（湖族）」と呼ばれた人びとが活躍し、堅田は琵琶湖最大の自治都市として発展した。江戸時代後期に漁場をめぐる争いで幕府によって特権を縮小され、その後の衰退に繋がった。〈本堅田・昭和 33 年・提供＝滋賀県〉

**◀和邇中浜から見た比良山地** 近江八景のひとつ「比良暮雪」に描かれた比良山地。武奈ヶ岳、比良岳、打見山、蓬莱山など1,000メートル級の山々が連なり、関西アルプスとも呼ばれ、登山やハイキングに訪れる人も多い。〈和邇中浜・昭和30年・提供＝和迩秀信氏〉

**▶和邇中浜を俯瞰する** 現在の虹ヶ丘付近から見た風景。民家は湖岸に集中し、その手前に田んぼが広がり、刈り取った稲藁を積み上げた「イガキ」がつくられている。江若鉄道の線路が田んぼの南北を縦走している。〈和邇中浜・昭和29年頃・提供＝和迩秀信氏〉

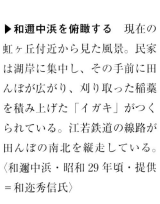

**▲和邇今宿の細い道**　この章の冒頭に掲載した写真とほぼ同じ位置から写している。当時の和邇は写真のように未舗装の道が多く、電柱も少ないのが好都合だったのか、昭和30年代の映画全盛のころ、京都太秦から東映の撮影隊が訪れたこともあった。〈和邇今宿・昭和37年頃・提供＝田中宏氏〉

**▼青柳浜付近を散歩**　お盆に家族で帰省した姉妹とその母親。青柳浜は湖西線の志賀駅と比良駅の間、線路に沿って南北に伸びる湖岸である。比良山地の麓にあり自然に恵まれたこの地には、今も青柳浜キャンプ場、青柳浜水泳場などがあり、ヨットやカヌーなどのウォータースポーツを楽しめる。〈大物・昭和35年・提供＝北村郁子氏〉

**▶におの浜付近**　琵琶湖岸の埋め立て工事は大正期から始まっていたが、本格的に進められたのは戦後になってからである。におの浜の埋め立ては第二次埋め立て事業として昭和41～43年に行われ、それまでで最大の41.85ヘクタールが造成された。完成直後には市制施行70周年、県政100周年を記念し、この場所で「びわこ大博覧会」が開かれている。〈昭和42年・提供＝滋賀県〉

**▲上空から見た県庁舎周辺**　滋賀県庁舎本館は、瓦屋根が整然と並ぶ町並みに、ひときわ偉容を誇る建物である。浜通、中町通、京町通の街筋がくっきり見え、湖岸の埋め立てはまだ開始されていないことがわかる。〈昭和20年代・提供＝大津市歴史博物館〉

**◀打出浜の琵琶湖文化館**　湖上に浮かぶ城のような建物が琵琶湖文化館である。昭和34年に打出浜の埋め立てが完工、翌年に同館の建設が始まり、36年に開館した。〈昭和35年頃・提供＝滋賀県〉

**▶浜大津付近**　現在の国道161号の観音寺から競艇場前をつなぐ橋はまだ架橋されていない。観音寺から茶が崎にかけては昭和12～17年に埋め立てられた地域である。茶が崎の手前、現在の競艇場の北端あたりは、まだ埋め立てられていない。〈昭和32年・提供＝滋賀県〉

**◀石山、膳所上空**　手前が石山駅付近で、東海道本線と京阪電鉄石坂線の線路が見える。その周辺は工場群で、奥が膳所の町並み。〈昭和37年・提供＝滋賀県〉

**▲神領団地周辺**　瀬田川の東に昭和35～38年に建設された県営神領団地。406戸からなる県下最大の住宅団地であった。周辺はまだ田園地帯で、現在に比べて住宅地が広がっていないのがわかる。〈昭和39年・提供＝滋賀県〉

**▼瀬田工業高校付近の風景**　校地東側から西を望む。写っているのは、昭和29年に校舎が全焼したため再建された校舎で、同58年に現在の校舎に建て替えられるまで使われた。瀬田川の中央には唐橋が架かり、右端には瀬田川大橋の架橋工事が始まっているようすがうかがえる。〈昭和33年・提供＝瀬田工業高等学校〉

**◀琵琶湖から流れ出る瀬田川**　南を望む。瀬田川に架かる橋梁は、手前から東海道本線の鉄橋、国道1号の瀬田川大橋、中島を挟んで架かるのが唐橋。〈昭和37年・提供＝滋賀県〉

**▼和邇今宿上空**　緩いカーブを描いて比良へと続く湖西線、その右側にまっすぐ伸びるのは国道161号（現県道558号）である。それを横切るように、写真中央を左から右に和邇川が流れる。写真奥では和邇春日、和邇高城の住宅団地ができつつある。〈昭和50年頃・個人蔵〉

# 6 余暇と観光の時代

昭和三年に都市計画指定都市となった大津市は、その将来像を「遊覧都市」とすることを定めた。これは、風光明媚な湖岸に位置すること、大都市に近接していることなどの地理的特性と、いにしえからの歴史が残した多くの名勝、文化財を持つという文化的特性を最大限に利用し、さらなる市勢の発展につなげようとするものであった。これに基づいて、同九年には柳が崎に琵琶湖ホテルが開業、「観光大津」の象徴的建造物となった。

その他、社会資本の整備や「びわ湖まつり」の開催なども大津の観光地化に大きな推進力を与えたが、やがて時代は戦時下へと移り、観光どころではなくなってしまう。大津が観光地として復活するのは戦後しばらくしてからのことである。

戦前から太湖汽船による島巡りなどで盛んだった琵琶湖観光は、昭和二十五年、琵琶湖が国定公園に指定されたことで弾みがついた。前年の二十四年には中止されていたびわ湖まつりも復活、活気を取り戻した。

そして、戦後の琵琶湖観光の象徴的存在といえるのが、この章の掲載写真に多く登場する観光船・玻璃《はり》丸である。昭和二十六年に天虎飛行研究所跡（現におの浜）で進水式を行い就航した玻璃丸は、長さ五十四メートル、定員六百五十一人の堂々たる船体とは裏腹の、ガラスを多用した優美な造形で人びとに華麗な印象を与え、「琵琶湖の女王」と称された。玻璃丸が就航した島巡り航路や、夏季の夜に出発する納涼船「たそがれショーボート」は大変な人気となり、ここに琵琶湖観光は完全な復活を遂げた。

高度経済成長にともない、庶民の生活にも余裕が生まれ、三井寺や石山寺、延暦寺といった全国に名が知られる名刹や、雄琴温泉など、市内のそれぞれの観光地も賑わいを見せるようになった。また、民間資本による新たな観光地開発もはじまり、浜大津に京阪レークセンター、茶が崎に紅葉パラダイス、木戸にサンケイバレイ（現びわ湖バレイ）がオープン、子ども連れを中心に多くの人が訪れた。

また、経済成長によって自家用車を持つ人も増え、道路も整備された結果、大型バスに乗って観光地を巡る集団旅行が出現するなど、観光の形は大きく変わった。昭和三十三年には比叡山ドライブウェイ、同四十一年には奥比叡ドライブウェイが開通し、信仰の山にマイカーで行くことができるようになり、観光、参拝客は増加した。

**▲玻璃《はり》丸の進水式**　琵琶湖はかつて湖上水運が盛んだったが、明治期には鉄道などに物流が移っていった。大正から昭和期には湖上観光が脚光を浴び、大型の遊覧船が次々に就航する。写真は天虎《てんこ》飛行研究所跡で行われた大型観光船「玻璃丸」の進水式。〈におの浜・昭和26年・提供＝琵琶湖汽船〉

**▶進水する玻璃丸**　玻璃丸は琵琶湖汽船の遊覧船で、天虎飛行研究所跡で組み立てられた。天虎飛行研究所は大津市民に「てんとら」と呼ばれ親しまれた訓練施設で、現在の西武大津店付近にあった。〈におの浜・昭和26年・提供＝琵琶湖汽船〉

**▼大津港に停泊する玻璃丸**　戦前の「みどり丸」や「京阪丸」などの代船として建造された玻璃丸は、昭和26年から島めぐり航路で琵琶湖を遊覧した。明治27年には、大津港ですでに湖上定期遊覧船が就航し、湖上観光の拠点となっていた。〈浜大津・昭和30年・撮影＝前野隆資氏、提供＝滋賀県立琵琶湖博物館〉

**▶玻璃丸の出航**　琵琶湖観光の玄関口、大津港を出発する。主な航路は「島めぐり」であったが、夏季には夕方に出航する「たそがれショウボート」も運航した。〈浜大津・昭和32年・撮影＝前野隆資氏、提供＝滋賀県立琵琶湖博物館〉

**◀大型観光船・玻璃丸**　玻璃丸は約30年間にわたり琵琶湖汽船を代表した遊覧船であり、「びわ湖の女王」と呼ばれ人気を博した。白い優美な船体で子どもたちの憧れであったという。開発による琵琶湖の水位低下などの理由で、昭和56年に引退となった。〈浜大津・昭和31年・提供＝大西明氏〉

**▶大津港観光船乗り場**　戦後の琵琶湖観光は戦前の航路を踏襲して再開された。昭和25年の琵琶湖国定公園の指定や、翌年に開始された玻璃丸の就航により、戦前の活気を取り戻した。写真は大勢の人で賑わう大津港の乗船場で、ちょうど玻璃丸が到着したところか。〈浜大津・昭和30年代・提供＝大津市歴史博物館〉

**▲スキー船の乗船風景**　昭和初期に始まったスキー船は、戦時中の中断を経て昭和35年ごろまで運航されていた。「寝ながら行けるスキー船で」が売り文句で、夜に出航し翌朝にスキー場へ到着、京阪神からのスキー客に人気があった。〈浜大津・昭和35年・撮影＝谷本勇氏、提供＝大津市歴史博物館〉

**◀瀬田川を行く観光船「いぶき丸」**　石山寺港乗船場にて。船腹に「八景めぐり」の文字が見える。瀬田川を北に向かい、大津港へと周遊していた。〈石山寺・昭和32年頃・提供＝大西明氏〉

**▶瀬田川の屋形舟**　瀬田川ではかつて屋形船も盛んであった。昭和30年代半ばの唐橋一帯では、屋形船100隻が浮かび、瀬田川遊覧を楽しみながら、川魚を捕って船上で天ぷらに調理して食するのが人気だった。背景の建物は現在もある料亭「あみ定」。〈唐橋町・昭和37年・提供＝藪田容子氏〉

**▼長等公園の桜と花見客**　美々しい着物姿で歩く女性たちは、浜大津の芸者衆。長等公園は大津市最初の都市型公園として明治41年に開園し、今も昔も高名な桜の名所である。〈小関町・昭和38年・撮影＝前野隆資氏、提供＝滋賀県立琵琶湖博物館〉

**◀石山寺の土産物店**　紫式部ゆかりの「花の寺」ともいわれる石山寺。山門から京阪電鉄の石山寺駅にかけては土産物店などが建ち並び、参拝客が旅の思い出を買い求めた。〈石山寺・昭和 41 年・提供＝高嶋貴子氏〉

**▶石山寺の山門**　石山寺の入口、寺正面を飾る山門の前で記念撮影。鎌倉時代に源頼朝が寄進したとされ、運慶、湛慶の作と伝わる仁王像が門の両脇に配されている。〈石山寺・昭和 45 年・提供＝安井憲子氏〉

**◀延暦寺根本中堂の前で記念写真**　敬老会のバスツアーで延暦寺を参詣した際の写真。根本中堂は比叡山東塔にあり、同寺の中心の総本堂。創建以来 1,200 年ともり続けている「不滅の法灯」があることでも有名である。〈坂本本町・昭和 40 年頃・提供＝徳永茂氏〉

▲**びわこ競艇場**　「琵琶湖モーターボート競走場」が正式名称であるが、びわこ競艇場の名で通っている。開場は昭和27年、公認コースとしては津競艇場に次いで全国2番目である。〈茶が崎・昭和36年・提供＝滋賀県〉

▶**秩父宮妃記念杯ボートレース**　昭和32年に初開催された秩父宮妃記念杯競争。公営競技が結核予防事業に協賛する趣旨で、現在も行われている。〈茶が崎・昭和33年・提供＝滋賀県〉

**▶びわこ競輪開催を告知する広報車**　大津びわこ競輪場での第１回競輪開催を宣伝する広報車。まだ戦後復興期にあたり、道端で広報車を見物している主婦らは着物に割烹着姿である。奥の建物は日本勧業銀行（現みずほ銀行）大津支店。〈中央～浜町・昭和25年・提供＝滋賀県〉

**▶大津びわこ競輪場**　近江神宮外苑運動場の一角に開設され、昭和25年4月19日に開場式が行われた。第1回の高松宮の優勝賜杯競争が行われ、以降毎年恒例のメインレースとして高松宮杯（のちの高松宮記念）が開催された。〈二本松・昭和32年・撮影＝前野隆資氏、提供＝滋賀県立琵琶湖博物館〉

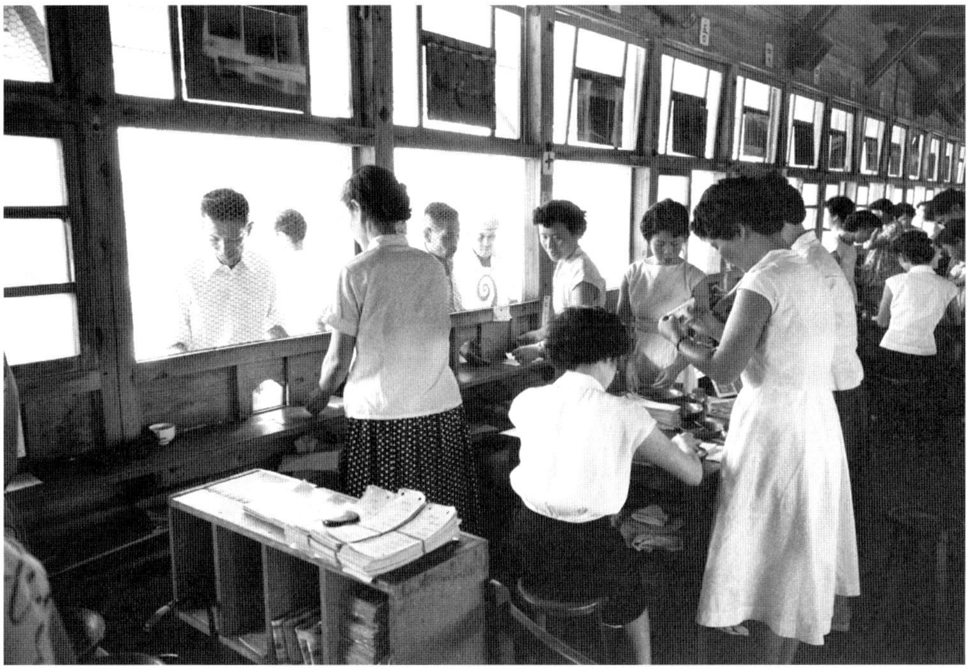

**◀競輪場の車券売場**　売場内部のようすである。窓には防犯のため金網が張られている。下の小窓で金銭をやり取りし、勝者投票券（車券）を購入した。大津びわこ競輪場は平成23年に廃止された。〈二本松・昭和32年・撮影＝前野隆資氏、提供＝滋賀県立琵琶湖博物館〉

**▲南郷公園で**　瀬田川河畔、南郷洗堰と瀬田川洗堰の西岸にある南郷公園へピクニックに出かけた際の家族写真。現在でも広い芝生や遊具もある市民に人気の公園である。〈南郷・昭和26年頃・提供＝藪田容子氏〉

**◀南郷水産センター**　昭和41年、滋賀県漁業協同組合連合会が「さかなと自然と人間とのかかわり」をテーマとした「魚のテーマパーク」として開設した。かつてはレジャー施設の印象が強く、ジェットコースターやプール、写真のようなレストランもあった。〈黒津・昭和44年・提供＝安井憲子氏〉

**▲琵琶湖ホテル**　「遊覧都市」を目指す市の都市構想の一環で、昭和9年に建設された。外国人来賓のためのホテルであり、ヘレン・ケラーなど多くの著名な外国人が宿泊した。平成10年に浜大津に新ホテルが建設されたため、写真の建物はびわ湖大津館と改称された。〈柳が崎・昭和44年・提供＝間宮和彦氏〉

**▶雄琴温泉の芳月楼にて**　雄琴温泉は天台宗の開祖・最澄が開いたとされる温泉地である。昭和26年の雄琴村と大津市の合併を機に市が新泉源を掘削し、観光開発が進められた。写真は老舗温泉旅館「芳月楼」（現びわこ緑水亭）で、湯元館、國華荘（現びわ湖花街道）を含めた3軒を中心に温泉地として開発された。〈雄琴・昭和37年・提供＝高嶋貴子氏〉

**◀芳月楼の外観**　このころ、雄琴温泉は落ち着いた風情のある温泉街であった。写真は戦前から続く老舗旅館「芳月楼」。静かな佇まいで、往時の人気をうかがわせる格調高い建物である。〈雄琴・昭和34年・撮影＝前野隆資氏、提供＝滋賀県立琵琶湖博物館〉

**▶中心温泉街にあった「近新」で**　会社の慰安旅行か。雄琴温泉は昭和30年代には盛況を誇ったが、同40年代後半に近場に風俗街ができ、歓楽温泉との風評被害を被った。家族連れや社員旅行が減り、観光地としての冬の時代が長く続いた。近年の再興までに廃業した旅館もあった。〈雄琴・昭和31年・提供＝和迩秀信氏〉

**◀かつてあった湖泉閣**　開湯1,200年と伝わる雄琴温泉だが、戦前は旅館が3軒だけだったという。昭和26年頃から市が観光開発に着手し、同30年代に名神高速道路の開通などでバス旅行が一躍人気となり、このころに多くの温泉旅館が開業した。写真は湖泉閣の正面玄関での一枚。〈雄琴・昭和34年頃・提供＝山本忠勝氏〉

**▲雄琴温泉まつり**　この年から始まった祭りで、男性たちが浴衣の上に法被《はっぴ》を羽織り、龍の担ぎ物を掲げて遊歩橋の琴江橋を練り歩いている。同橋は昭和36年に観光客のためにつくられた。〈雄琴・昭和38年・撮影＝前野隆資氏、提供＝滋賀県立琵琶湖博物館〉

**▶琴江橋の完成式典**　温泉と水泳場を結ぶ遊歩道として架けられた琴江橋。写真はその完成を祝い、式典に詰めかけた人びとである。幅員が狭い橋上に、大勢の人がひしめき合い、竣工時の盛況ぶりを物語っている。〈雄琴・昭和36年・提供＝大津市歴史博物館〉

**◀国民宿舎近江舞子ロッジ**
昭和37年、江若鉄道の夏季臨時駅であった近江舞子南口駅に隣接して建てられた。この建設を機に近江舞子南口駅は常設駅となる。ロッジは鉄筋コンクリート造3階建てで、バーや展望バルコニーなども設けられていた。平成9年に閉鎖。〈北比良・昭和40年・提供＝大道裕子氏〉

**▲京阪レークセンター**　湖と空を一体化した総合観光基地を目指したレジャー施設として、昭和41年に開業。大津港の観光船乗り場に隣接し、水上飛行機の発着場所も設けられていた。平成8年に閉鎖され、跡地には琵琶湖ホテルや浜大津アーカスが建つ。〈浜大津・昭和41年頃・提供＝京阪電気鉄道〉

**▲紅葉パラダイス**　昭和41年に開業した総合レジャーランド。遊園地や大演芸場、多種類の温泉浴場などがあり、「びわ湖畔のビッグな楽園」と謳《うた》っていた。のちに「びわ湖温泉紅葉パラダイス」と改称し、平成3年には改装され「びわ湖パラダイス」となった。〈茶が崎・昭和52年・提供＝北村郁子氏〉

**▶紅葉パラダイスの遊園地で**　レールの一部が湖上を走るジェットコースターは遊園地の目玉であった。紅葉パラダイスには、昭和44年にジャングル風呂などの「はだか天国大探検温泉」、同53年に列車ホテル「ホテル・オリエント・エキスプレス」が登場し人気を呼んだ。〈茶が崎・昭和45年・提供＝松浦すみ江氏〉

**▲紅葉パラダイスのプール①**　プールは夏季のみの営業で、大きな流れるプールや小さな子ども用のプール、ガーデンプールなどの種類があった。〈茶が崎・昭和40年頃・提供＝前田浩史氏〉

**◀紅葉パラダイスのプール②**　家族連れで賑わい、長く市民に娯楽とくつろぎを提供してきたが、平成10年に閉鎖した。現在は跡地に大型マンションなどが建ち並んでいる。〈茶が崎・昭和40年頃・提供＝前田浩史氏〉

**▲サンケイバレイのカーレーター**　サンケイバレイは、昭和40年、比良山系の打見山から蓬莱山にかけて開設されたスキー場。当初は世界唯一と宣伝された動く登山路「カーレーター」が呼び物であった。サンケイバレイは同44年からびわ湖バレイとなり、カーレーターも50年に廃止されてゴンドラリフトに代わっている。〈木戸・昭和43年・提供＝和迩秀信氏〉

**▼カーレーターに乗って山頂へ**　カーレーターとは、ベルトコンベア上の2人掛けの椅子に乗り、トンネル状の傾斜を登っていく乗り物である。当時は麓から山頂のスキー場までを約20分で結んだが、乗り心地が良いものではなかったという。〈木戸・昭和48年・提供＝山本光晴氏〉

**▲びわ湖バレイのゴーカート**　びわ湖バレイにはさまざまな娯楽施設があり、冬場のスキーシーズン以外にも山遊びと絶景を楽しめた。ちょっとよそ行きの格好の子どもたちが、ゴーカートを楽しんでいる。〈木戸・昭和48年・提供＝山本光晴氏〉

**◀打見山山頂で**　びわ湖バレイは比良山系の打見山と蓬莱山にかけて広がっている。眼下に琵琶湖を望み、スキー場として国内有数の眺望を誇る。夏場の山頂は涼しく、家族連れで訪れて野鳥の声に耳を傾け、自然と親しむ人も多い。〈木戸・昭和48年・提供＝山本光晴氏〉

**▲クマザサ茂る打見山へ**　スキー場が設置される前の打見山山頂で、遠足に来た子どもたちの記念写真。当時はあたり一面クマザサばかりが生い茂っていたという。この付近には現在、びわ湖バレイの展望台がある。〈葛川《かつらがわ》木戸口町・昭和29年・提供＝島口美明氏〉

**▶坂本ケーブル**　比叡山鉄道線は比叡山の東側山麓から山頂を結ぶケーブルカー路線で、一般に坂本ケーブルと呼ばれている。比叡山延暦寺の表参道として昭和2年に開業した。京都からの西側路線とも連携し、参拝者の利便を図るとともに観光客をも招来している。〈坂本本町・昭和47年・提供＝山本光晴氏〉

**▲坂本ケーブル延暦寺駅**　頂上にある終点のケーブル延暦寺駅にケーブルカーが入っていく。麓の起点ケーブル坂本駅からここまでの全長は2,025メートルで、現在では日本最長のケーブルカーとなっている。〈坂本本町・昭和34年・撮影＝前野隆資氏、提供＝滋賀県立琵琶湖博物館〉

**▼もたて山キャンプ場の展望風呂**　かつて、裳立山にはもたて山キャンプ場があり、坂本ケーブルのもたて山駅も当初はそこへの最寄り駅として開設された。キャンプ場には琵琶湖を一望できる展望風呂もあった。〈坂本本町・昭和32年・撮影＝前野隆資氏、提供＝滋賀県立琵琶湖博物館〉

**▶比叡山ドライブウェイの開通①**　昭和33年4月に開通した比叡山ドライブウェイ。田の谷峠から延暦寺東塔、比叡山頂を結ぶ有料自動車道路で、延暦寺参詣の新たなルートとなった。〈山上町・昭和33年・提供＝滋賀県〉

**▲比叡山ドライブウェイの開通②**　比叡山の山腹を走り、琵琶湖や市街を眺望できる。間もなく自家用自動車が普及したため、一躍人気となり、延暦寺の参詣をより身近なものとした。〈大津市内・昭和33年・提供＝滋賀県〉

**▶比叡山山頂の回転展望閣**　比叡山頂遊園地にあった展望台である。昭和34年に開園し平成12年に閉園。跡地は庭園美術館のガーデンミュージアム比叡となっているが、展望台は写真の姿で園内に残されている。〈京都市左京区・昭和34年・提供＝大道裕子氏〉

**◀比良登山リフト**　比良山系最高峰の武奈ヶ岳にあった登山リフトである。京阪電気鉄道開業50周年記念の関連事業として昭和35年に運行が開始され、同37年には比良山スキー場とロープウェイも開業した。平成16年のスキー場閉鎖とともに廃止となった。〈北比良・昭和35年頃・提供＝北村郁子氏〉

**▶膳所城跡公園**　明治3年に取り壊された膳所城の本丸跡に整備された公園である。現在でも遊具が設置され子どもたちが遊ぶが、樹木が生長し、写真のころのような見通しの良い風景はない。〈本丸町・昭和44年頃・提供＝安井憲子氏〉

**▲牛尾山でキャンプ**　キャンプ場に至る途中の滝で食事中。飯盒炊爨《はんごうすいさん》をして、炊きたてのごはんをほおばっている。琵琶湖の南西にある牛尾山へのハイキングコースは、現在は東海自然歩道となっており大津市を代表するコースである。〈国分・昭和29年・提供＝薮田容子氏〉

**▲トロッコの線路を歩く**　東レに同期入社した若者たちの親睦行事で、大戸川の支流・天神川の上流へハイキング。写真はトロッコの線路上を歩いているところ。堂山と太神山の間付近と思われる。〈田上森町・昭和36年・提供＝薮田容子氏〉

**▶比良山麓の百間堤で**　女友達だけで飯盒炊爨を楽しんでいる。彼女たちのくつろぐ百間堤は、長さ100間（約180メートル）の石積みの堤で、嘉永5年（1852）に起こった水害の救済事業として築かれたと伝わる。〈大物・昭和37年頃・提供＝北村郁子氏〉

フォトコラム

# 水泳場懐旧

戦後も昭和三十年代に入ると、人びとの暮らしにも、少しずつ落ち着きとゆとりが生まれるようになった。折しも高度経済成長の最中で、その恩恵は庶民にも波及し、可処分所得の増大から同三十五年ごろには「レジャーブーム」が到来、休日の観光地は多くの人で賑わうようになった。

大津市民が親しんだ手ごろなレジャーといえば、やはり、すぐ近くの琵琶湖で泳ぐことだった。特に子どもたちは夏休みを心待ちにし、各地の水泳場へと足を運んだ。

当時の大津市には、御殿浜、柳が崎、唐崎、雄琴、真野など、また志賀町には和邇、青柳浜、近江舞子などの水泳場があった。

規模の大きな水泳場には船着場が設けられ、浜大津から「水泳船」が就航したため、地元だけでなく、京阪の大都市圏から多くの水泳客が訪れた。また、江若鉄道はシーズンになると沿線の水泳場近くに青柳ヶ浜、近江舞子南口（のちに常設駅に昇格）などの臨時駅を設置し、常設駅であった近江舞子駅とともに、水泳場に押し寄せる乗客を捌《さば》いた。

しかし、皮肉にも、レジャーブームを生んだ経済成長が水泳場を次々と閉鎖させていく。柳が崎は水質悪化、御殿浜は湖岸の埋め立てにより、それぞれ姿を消した。その他の水泳場も閉鎖されるところが増え、現在、旧大津市域の水泳場は唐崎と真野に残るのみとなっている。一方、旧志賀町域は湖岸の開発から免れ、また水質も良好なため、このコラムに掲載した近江舞子、青柳浜、和邇のほか、いくつかの水泳場が健在である。

遠い夏の日、家族や友人たちと楽しいひとときを過ごした浜の記憶を思い出しながらご覧いただきたい。

**▲柳が崎水泳場①**　大正 14 年に開設。昭和 9 年には隣接して琵琶湖ホテルも開業し、観光地としての開発が進んだ。市街地から比較的近く、市内外から多くの行楽客が訪れた。〈柳が崎・昭和 42 年頃・提供＝間宮和彦氏〉

▶**柳が崎水泳場②**　浜のそばには松林が広がり、涼しい木陰で休憩することができた。写真奥に売店が見え、手前の木には「シャワ（ー）付／脱衣／手荷物預リマス」と書かれた看板が取り付けられている。〈柳が崎・昭和42年頃・提供＝間宮和彦氏〉

▲**柳が崎水泳場③**　北を望む。水面に長く突き出た栈橋が目を引く。その先端には高い飛び込み台が見える。かつては写真のように大変賑わったが、水質の悪化により現在は姿を消している。〈柳が崎・昭和20年代・提供＝滋賀県立図書館〉

**▲御殿浜水泳場**　昭和８年、膳所城跡の南の浜に開設された。写真奥の、水面に延びている木立が膳所城跡である。同水泳場は湖岸の埋め立てのため現存しない。〈御殿浜・昭和32年・撮影＝前野隆資氏、提供＝滋賀県立琵琶湖博物館〉

**▶膳所城跡付近の湖岸**　琵琶湖に突き出た膳所城跡の浜で水泳を楽しむ人びと。中央の男性は水上スキーをしているようだ。〈本丸町・昭和32年・撮影＝前野隆資氏、提供＝滋賀県立琵琶湖博物館〉

**▲▶真野浜水泳場**　現在の琵琶湖大橋西詰の北側にあった水泳場で、水質が良く、平成13年には環境庁（現環境省）発表の「日本の水浴場88選」に大津市域で唯一選ばれている。写真はいずれも、町内会の旅行で訪れた子どもたち。木製の大きな飛び込み台は、当時の水泳場に必ずといっていいほど設置されていた。〈今堅田・昭和25年頃・提供＝山本忠勝氏〉

**▲水泳場の売店**　真野浜に設けられていた売店にて。浮き輪や、スイカ柄のビニールボールが軒下にかかり、女性の後ろには瓶入りの飲料が並んでいる。泳ぎ疲れたあとのジュースの味は格別だった。〈今堅田・昭和 41 年・提供＝大道裕子氏〉

**▼近江舞子の玻璃丸**　当時、北浜と中浜の間に近江舞子港の桟橋があり、琵琶湖汽船が運航する遊覧船「玻璃丸」が寄港していた。〈南小松・昭和 34 年・提供＝高嶋貴子氏〉

**◀▲▼近江舞子水泳場**　雄松崎一帯の白砂青松の浜は、明治時代に神戸の舞子浜になぞらえて「近江舞子」と呼ばれるようになり、大正〜昭和初期に観光地として開発された。江若鉄道を使い、遠方からやってくる観光客も多かった。〈南小松・上／昭和29年・提供＝和迩秀信氏、左／昭和34年・提供＝池田俊男氏、下／昭和27年・提供＝山本忠勝氏〉

**▲▼水泳場の若者たち**　和邇浜で夏のひとときを過ごす若者たち。当時の若者のファッションがよくわかり興味深い。上写真、前列左手前の男性の髪型は、昭和30年代前半に流行した「慎太郎刈り」。作家の石原慎太郎が映画化された自作の『太陽の季節』に出演した際の髪型である。〈和邇南浜・昭和37年・提供＝藪田容子氏〉

**▲青柳浜キャンプ場**　中学生たちの楽しいキャンプ、炊事の真っ最中。青柳浜水泳場のそばにはキャンプ場があり、いまでも子どもたちや家族連れに親しまれている。青柳浜は近江舞子よりも遠浅のため、子どもの利用が多かった。〈大物・昭和 31 年・提供＝和迩秀信氏〉

**▼青柳浜水泳場**　写っているのは監視のアルバイトをする高校生。貸しボートや貸し浮き輪の管理もしていた。〈大物・昭和 36 年・提供＝北村郁子氏〉

# 7 交通網の整備と変遷

古くから水上交通と陸上交通の結節点として繁栄した大津は、交通網によって形づくられた都市といってもいいだろう。明治に入ると新しい交通手段である鉄道が敷設され、その結果水上交通は衰微したが、現在も、東海道本線、東海道新幹線、名神高速道路、国道一号などが走り抜ける交通の要衝としての重要性は変わらない。

昭和二十四年、国鉄審議会の答申により国鉄幹線の電化が実施されることとなり、当地でも、同二十九年に石山～草津間の狼川《おおかみがわ》架橋から工事が開始された。同三十一年には京都～米原間の電化工事が完成、これにより東京～大阪間の東海道本線すべてが電化され、同年十月九日には試運転の電車が初めて大津駅に到着した。

国鉄大津駅は、大正十年、東海道本線の付け替えによって現在地に設置された。木造のモダンな駅舎は戦後も引き続き使用されていたが、老朽化が著しく、昭和四十二年から始まった大津駅前区画整理事業にともない、約百メートル東に鉄筋コンクリート造の現駅舎を建設、同五十年に新旧交代を行い姿を消した。

東海道本線の沿線は、電化による輸送力の増強にともない人口が急増した結果、もはやそれまでの複線では捌ききれなくなり、大津周辺の複々線化実施が待たれるようになった。昭和四十年、待望の複々線化工事が開始され、それにともない各々の駅舎も改築された。また、明治期からすでにあった誘致運動に応え、同四十四年に瀬田駅が開業、地元は大きな喜びに包まれた。駅の設置が周辺地区にもたらした影響は大きく、瀬田は急速に都市化が進み、現在、同駅の一日平均乗車数は大津駅をしのぎ、市内では石山駅に次いで二位となっている。

一方、私鉄の京阪電鉄と江若鉄道は、いずれも浜大津を拠点にし、そこから人口希薄地の郊外へと延びる路線であったため、昭和後期には、モータリゼーションの進展や浜大津の拠点性低下の影響を受け、苦しい経営を強いられるようになった。江若鉄道は昭和四十四年に廃線となり、路線の敷地は大部分が国鉄に買収され、その後開業した湖西線の用地に転用されるなどした。

京阪京津線は、平成九年、京都市営地下鉄東西線の開業に合わせて、高収益区間であった三条～御陵間が廃止となった。石山坂本線を含めた大津線は赤字路線となり、全体の分社化まで検討されたが、一旦は保留となり、経費削減に努めた結果、近年の収支は改善されている。

▲**さよなら江若《こうじゃく》鉄道**　三井寺下駅でテープを切るお別れ列車。近江と若狭を結ぶ鉄道の意で命名された江若鉄道は、大正10年に開業し、昭和44年に廃線となった。線路用地は同49年開業の湖西線に転用された。〈大門通・昭和44年・提供＝川崎昭吾氏〉

**▲大津駅**　大正10年、東海道本線大津〜京都間の現行ルートが完成し路線が変更されたため、新たに開設された駅である。最初の大津駅は旧路線開通時の明治13年に、現在の京阪電鉄びわ湖浜大津駅付近へ置かれた。後に馬場駅が大津駅の名称になり、この駅は三代目大津駅となった。〈春日町・昭和47年・提供＝山本光晴氏〉

**◀大津駅の新駅舎**　大津駅前土地区画整理事業が昭和40年代に策定され、それに合わせて大津駅舎の新築が計画された。旧駅舎の約100メートル東に、鉄筋コンクリート造2階建ての駅ビルがこの年に竣工、翌年に開業となった。〈春日町・昭和49年・提供＝京都鉄道博物館〉

**▶新旧の大津駅舎**　写真右に駅開設当初からの木造駅舎が、左には開業を間近に控えた現駅舎が見えている。新旧交代の眺めである。この年の1月、旧大津駅舎のお別れ式が行われた。〈春日町・昭和50年・撮影＝谷本勇氏、提供＝大津市歴史博物館〉

**◀東海道本線の電化**　昭和31年10月に東海道本線米原～京都間の電化が完成。これにより、同線の全線（東京～大阪間）電化が完了した。〈春日町・昭和31年・提供＝大津市歴史博物館〉

**▶「ポンパ号」が膳所駅に到着**　「ディスカバー・ジャパン」は、日本万国博覧会の閉幕後間もなくの昭和46年に開始された、国鉄の個人旅行拡大キャンペーンである。「ポンパ号」はその協賛企画として走行した日立製品の展示列車で、全国を回って99万人もの観客を動員した。〈馬場・昭和46年・提供＝山本光晴氏〉

**◀「ポンパ号」と一緒に**　ヘッドマークには「DISCOVER JAPAN」の文字が見える。客車に動物などの絵が描かれた「ポンパ号」は行く先々で人気を呼び、一緒に写真を撮る人が絶えなかった。〈馬場・昭和46年・提供＝山本光晴氏〉

**▼石山駅付近を走るSL**　この年の終わりごろに東海道本線が全線電化された。明治期の官設鉄道時代から半世紀余りも同線を走り、間もなく姿を消す蒸気機関車の、最後の勇姿である。〈粟津町・昭和31年・提供＝大西明氏〉

▲**石山駅**　官設鉄道東海道線の駅として明治36年に開設。大正から昭和にかけ、近隣に旭絹織（現旭化成）や東洋レーヨン（現東レ）の工場が開業し、活況を見せ始める。同30年代には東海道本線の電化により乗降客が増大、45年には橋上駅舎へ改築された。〈粟津町・昭和40年頃・提供＝スミレ写真館〉

◀**石山駅のホーム**　日傘を手に微笑む女性の背景に、何本もの工場の煙突が見えている。周辺には複数の工場が立地しており、いまでも乗降客が多く賑わう駅である。〈粟津町・昭和30年頃・提供＝前田浩史氏〉

▶**瀬田駅の開業①**　駅舎は装飾され、看板に「祝国鉄瀬田駅新設」の文字が踊る。明治期からの地域住民の駅誘致運動がようやく実現し、この年の8月に開業祝賀式典が執り行われた。〈大萱・昭和44年・提供＝南大萱会館資料室〉

**▼湖西線の起工式**　国鉄の調査線であった塩津～浜大津間が、昭和39年に工事線へ昇格された。それを機に江若鉄道買収の話が起こり、同44年に同鉄道は廃線、路線は国鉄に継承された。湖西線はほぼ全線が高架やトンネルであったため、踏切はなくなった。〈御陵町・昭和42年・提供＝滋賀県〉

**▲瀬田駅の開業②**　一番切符を求めて人びとが詰めかけるようす。地元では、明治22年の官設鉄道東海道線の全通時から、草津～馬場（現膳所）間の停車場として駅設置を請願してきたので、喜びもひとしおであろう。〈大萱・昭和44年・提供＝南大萱会館資料室〉

**▼湖西線の工事風景**　昭和49年の開通に向け、皇子山（現大津京）駅付近で行なわれている工事のようす。このあたりから路線は江若鉄道を大きく離れ、長等山トンネルを抜けて山科へと向かう。湖西線の用地とならなかった江若鉄道の廃線跡は、現在では県道や市道となっている。〈山上町・昭和47年・提供＝滋賀県〉

**▶湖西線長等山トンネル東口の工事**　湖西線の山科駅から大津京駅までの区間の大半は長等山トンネルからなっている。昭和46年に貫通し、湖西線開業とともに使用開始された。〈山上町・昭和46年・提供＝清水弥一郎氏〉

**▲埋め立て中の長等山トンネル**　トンネル東口の工程は、まず一度掘削してから埋め立てとなった。開通はこの写真の翌年である。〈山上町・昭和48年・提供＝清水弥一郎氏〉

**▼ビジネス特急「こだま」**　当初の「こだま」は、東海道本線の特急列車の名称で、東京～大阪間の日帰りを可能にする「ビジネス特急」であった。この列車名は同39年に開業する新幹線へ継承される。〈粟津町付近・昭和34年頃・提供＝大西明氏〉

**▲浜大津駅**　大正元年に京津線を開業させた京津電気軌道は、同14年に京阪電気鉄道と合併した。浜大津駅は合併後間もなく新設された終着駅だが、当初は交差点南の路上に降車場が設けられたに過ぎなかった。写真のような駅となるのは昭和32年である。〈浜大津・昭和30年代・個人蔵〉

**◀軌道が交錯する浜大津交差点**　軌道上を写真左下の浜大津駅へ入っていくのは京津線の車両。左端の建物は江若鉄道の浜大津駅駅舎。京津線とほぼ直角に交わる軌道は京阪電鉄石山坂本線（石坂線）で、列車に隠れた奥に同線の浜大津駅があった。〈浜大津・昭和30年代・個人蔵〉

**▶浜大津総合ターミナルの建設**
それまでは、京阪電鉄石坂線と京津線の双方に、名称が同じ浜大津駅があった。昭和56年の第36回国民体育大会（びわこ国体）開催を機に両駅の統合が決まり、同55年に着工した。〈浜大津・昭和55年頃・提供＝大津市歴史博物館〉

**◀いくつもの交通機関が交錯する浜大津**
浜大津駅前から江若鉄道の浜大津駅を見ている。写真右上のホームが京阪電鉄石坂線の浜大津駅。江若鉄道は国鉄の貨物駅との共用で、また近辺では観光船やバスも発着しており、浜大津は一大ターミナルとなっていた。〈浜大津・昭和30年代・個人蔵〉

**▶京阪膳所駅**　石坂線は大津電車軌道の路線として始まり、大正2年に大津（現びわ湖浜大津）～膳所（現膳所本町）間が開通した。同駅は馬場駅の名称で開業時に開設された。駅名はその後幾度か改称され、昭和28年から京阪膳所駅となった。〈馬場・昭和30年代か・提供＝京阪電気鉄道〉

**◀京阪石山駅**　別保（現粟津）駅から路線起点となる螢谷（現石山寺）駅までが、大正3年に延伸された。同駅はその際に石山駅前の名で開設。写真のころは国鉄石山駅から160メートルほど南の位置にあった。平成17年のJR石山駅改築に合わせて移転し、隣接した。〈粟津町・昭和40年頃・提供＝スミレ写真館〉

**▶唐橋前駅**　駅前で瀬田工業学校の生徒たちが集まって記念撮影。駅と同校との間は近江八景で知られる瀬田唐橋で結ばれている。昭和4年に京阪電鉄が琵琶湖鉄道汽船（旧大津電車軌道）の鉄道部門を合併し、石坂線は全通した。沿線に古刹や名所が多く、長く観光の足にもなっている。〈鳥居町・昭和21年頃・提供＝瀬田工業高等学校〉

**◀別所駅**　昭和56年に第36回国民体育大会が滋賀県で開催された。隣接する皇子山総合運動公園陸上競技場がその開閉会式などの会場となり、駅は大混雑である。同駅は兵営前駅として昭和2年に開設。周辺の旧地名「別所」は、かつて座していた三井寺別所に由来し、駅名も同15年に別所と改称された。平成30年に大津市役所前駅に改称されている。〈御陵町・昭和56年・提供＝京阪電気鉄道〉

**▶江若鉄道浜大津駅の駅舎**　三井寺駅から同駅までの延伸にともない、大正14年に開設された。当初は新浜大津駅の名称で、現在の明日都《あすと》浜大津が建つ付近に位置していたが、昭和3年に道路を挟んだ東側へ新築移転した。〈浜大津・昭和27年頃・提供＝清水弥一郎氏〉

**▼江若鉄道浜大津駅のホーム**　江若鉄道最終年のホームの情景。この年までは同駅から現高島市の近江今津駅までを江若鉄道の車両が走っていた。同駅と周辺には国鉄や京阪電鉄石坂線と京津線もあり、一大ターミナル駅となっていた。〈浜大津・昭和44年・提供＝滋賀県〉

**▲三井寺下駅のお別れ列車**　同駅は江若鉄道開業時の起点駅として、三井寺の駅名で開設。隣接して江若鉄道本社や三井寺下機関区も設置されていた。営業終了日の翌日、写真のように美々しく飾られたお別れ列車が特別運行された。〈大門通・昭和44年・提供＝川崎昭吾氏〉

**◀江若鉄道のお別れ列車を見送る**
滋賀駅付近の線路際で、女性が子どもを背負って江若鉄道との別れを惜しむ。江若鉄道は住民の足であり、また水泳やスキーなどのレジャーにも活用され、長く親しまれた。〈見世・昭和44年・提供＝川崎昭吾氏〉

**▲滋賀駅**　大正10年に江若鉄道が三井寺～叡山間で開業した際に開設された。戦前には唐崎の滋賀海軍航空隊への側線が敷かれていたという。また、隣の三井寺下駅との間には、競輪開催時のみ開業する競輪場前駅が仮設された。〈見世・昭和44年・提供＝滋賀県〉

**▲堅田駅前**　同駅は大正12年、雄琴～堅田間の延伸にともない開業した。写真左端に駅舎が見える。駅前には江若バスの車庫が設置され、廃線後の駅舎はバスの停留所となった。〈本堅田・昭和43年・撮影＝前野隆資氏、提供＝滋賀県立琵琶湖博物館〉

**▼坂本付近を行く江若鉄道**　稲の刈り取り作業中に手を休め、比叡山を背景に走る列車を眺める人びと。昭和44年11月1日に同鉄道は廃線となり、お別れ列車が走った。〈坂本・昭和44年・提供＝滋賀県〉

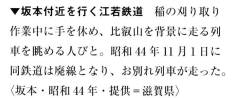

**▲花輪を付けたお別れ列車**　子どもたちが踏切のそばで江若鉄道最後の列車を見ている。写真付近の線路は同鉄道の多くの廃線跡と同様、現在では道路に転用されている。〈小野・昭和44年・提供＝大道裕子氏〉

**▼江若鉄道で修学旅行へ**　和邇駅のプラットホームで、笑顔いっぱいの集合写真である。左端の児童の手には「日本旅行會」の旗。和邇小学校の修学旅行で伊勢へ出発する前に撮られたもので、子どもたちのウキウキした気持ちが写真からも伝わる。〈和邇高城・昭和26年・提供＝大道裕子氏〉

◀**江若鉄道の車内**　網棚にリュックサックを置いて夏登山にでも行くのか、気楽な雰囲気で笑顔を見せる男性。当時は地元のみならず京都や大阪の人たちでも、行楽地といえば琵琶湖であったという。〈大津市内・昭和31年・提供＝和迩秀信氏〉

▼**近江舞子駅**　近江木戸駅から延伸された際、雄松駅の名で開設された。当初の駅名は付近にある琵琶湖の名勝・雄松崎に由来する。雄松崎が観光地として高名になり「近江舞子」と呼ばれるようになると、昭和4年に近江舞子駅と改称された。〈南小松・昭和44年・提供＝滋賀県〉

▲**近江木戸駅**　大正15年に開設された。路線は同年中に雄松駅まで至る。蓬莱駅と同駅の間には、江若鉄道にふたつだけのトンネルの両方があった。〈木戸・昭和44年・提供＝滋賀県〉

▼**蓬莱《ほうらい》駅**　大正15年の和邇～近江木戸間の開通にともない開設された。近江八景のひとつ「比良暮雪」で知られる比良山地の登山口への最寄りであったため、当初は比良口駅の名であった。昭和16年に蓬莱駅と改称。〈八屋戸・昭和44年・提供＝滋賀県〉

▶**北小松駅**　雄松～北小松間開通により昭和2年に開設。同6年の近江今津駅開業までは路線が延伸され続け、毎年のように新駅ができていた。隣の近江舞子駅から北小松駅にかけての路線は湖岸に敷設され、沿線に別荘などが建ち並んだという。〈北小松・昭和44年・提供＝佐々木昭彦氏〉

**▶逢坂の国道１号**　現逢坂１丁目交差点付近を南から見ている。奥に見える坂道は京阪の線路と立体交差するためのもの。道路沿いに走っているのは京阪電鉄京津線。〈逢坂・昭和38年・撮影＝椙山満氏〉

**◀逢坂山検問所**　この付近にはかつて日本三古関のひとつ「逢坂の関」があった。当時、写真の国道１号線沿いには滋賀県警の逢坂山検問所が置かれ、昭和31年から自動車計量器で積載量超過などの車を取り締まっていた。〈大谷町・昭和37年頃・提供＝滋賀県〉

**▶逢坂小学校前を走る国道１号**　道路右に見える逢坂小学校は、昭和25年に文部省が全国３校に指定した建築モデルスクールのひとつ。このあたりの国道１号は、市街地を避けるため、大正10年に廃線となった旧官設東海道本線跡を利用して整備された。校舎奥の山手は住宅地となりつつある。〈音羽台・昭和35年・提供＝大津市歴史博物館〉

◀**琵琶湖文化館付近の湖岸道路**　現打出浜交差点付近から、湖岸道路を東に見る。写真右を江若鉄道の車両が走る。奥に見える建物は、昭和9年に浜大津から打出浜へ移転した大津警察署。このころは、道路は西の庄あたりまでしか開通しておらず、舗装されていない。〈打出浜〜松本・昭和35年・撮影＝谷本勇氏、提供＝大津市歴史博物館〉

▶**中央大通**　大津駅前土地区画整理事業は昭和42年から始まった。中心となる工事は幅30メートルの大通りで、華階寺境内を通った。そこで中央分離帯に同寺の大イチョウを残し、町の新たな「史跡」となった。通りの名称は公募により同56年に「中央大通」と決まった。〈京町・昭和40年代・提供＝大津市歴史博物館〉

◀**完成した花折トンネル**　葛川《かつらがわ》坂下町と伊香立《いかだち》途中町の境には花折峠があり、若狭街道の最難所といわれていた。現在は昭和50年に完成した花折トンネルが峠の直下を通り、国道367号となっている。〈伊香立途中町・昭和50年頃・提供＝田中宏氏〉

**▶琵琶湖大橋**　昭和37年に着工し同39年に完成した、最初の琵琶湖横断橋である。東京オリンピック開催前の開通を目指し、工事は急ピッチで進められた。完成当時は日本最長の有料橋であった。〈今堅田・昭和39年頃・提供＝大西明氏〉

**◀琵琶湖大橋上にて**　滋賀郡堅田町（現大津市）と野洲郡守山町（現守山市）の間に架けられた大橋。奥が守山側である。写真のように橋の途中で自家用車を一時駐車させ、記念写真を撮る人も多くいた。〈今堅田・昭和39年頃・提供＝鎌田康子氏〉

**▶琵琶湖大橋西詰で**　北を向いて撮影。この辺りは広場になっていた。現在では北側に道の駅びわ湖大橋米プラザが設置されている。〈今堅田・昭和40年頃・提供＝前田浩史氏〉

**▲先代の瀬田唐橋**　東詰から対岸の中島を望む。近江八景「瀬田夕照」で知られる瀬田唐橋の改築前の姿である。「唐橋を制するものは天下を制する」といわれ、古来交通はもとより軍事の要衝でもあった。〈瀬田〜唐橋町・昭和30年代・提供＝瀬田工業高等学校〉

**▲架け替え中の瀬田唐橋**　昭和49年に本格的な架け替え工事が始められた。歴代の橋に使われていた擬宝珠はそのまま受け継がれて、同54年に新橋が竣工する。〈瀬田・昭和50年頃・提供＝瀬田工業高等学校〉

**▼瀬田唐橋の渡り初め式**　木造橋が初めて鉄筋コンクリート製となった大正13年以来の架け替えである。写真は渡り初めが行われた昭和54年7月23日のようす。〈唐橋町・昭和54年・提供＝滋賀県〉

**▶瀬田川大橋の竣工**　この橋は瀬田唐橋の北側へ、新たな国道路線として架橋された。それまで瀬田唐橋が国道１号であったが、同橋に国道が付け替えられた。〈松原町・昭和34年・提供＝滋賀県〉

**▲京阪電鉄京津線と立体交差する名神高速道路**　名神高速道路と京阪電鉄の間から西へ、建設中の道路を見ている。名神高速は大谷駅付近から京阪電鉄に沿って走り、このあたりでは線路と立体交差させる工事が行われていた。〈追分町・昭和37年・撮影＝前野隆資氏、提供＝滋賀県立琵琶湖博物館〉

**◀名神高速道路の建設**　大津地区の建設現場のようす。名神高速道路の建設は、大津市では瀬田川への架橋を皮切りとして、昭和34年に着工した。〈大津市内・昭和36年・提供＝滋賀県〉

**◀名神高速道路の大津サービスエリア** 名神高速道路の栗東～尼崎間は昭和38年に開通し、それにともなって大津インターチェンジとサービスエリアも開業した。写真にはサービスエリアのレストハウスが見えている。〈朝日が丘・昭和40年・提供＝山田一弥氏〉

**▶名神高速道路大津インターチェンジの開通**　祝賀のアドバルーンが上がっている。当初は現京都東インターが大津インターとなる計画だったが、地元からの要望が強く、サービスエリアに併設してインターチェンジが設けられた。〈朝日が丘・昭和38年・提供＝大津市歴史博物館〉

**◀名神高速道路と東海道新幹線**　開通して間もない高速道路と新幹線が並走している。世界初の高速鉄道車両であり「夢の超特急」と呼ばれた新幹線0系電車が、瀬田工業高校校舎を背景にしてすれ違っている。〈野郷原・昭和40年頃・提供＝瀬田工業高等学校〉

# 8 祭礼と民俗行事

地域の祭りの存続は、住民同士の繋がりを維持し、地域社会を成り立たせるための重要な要素だといえる。昨今、メールやスマートフォンの普及で、人と人との生《なま》の繋がりが希薄になってゆく弊害が指摘されているが、これは電話やファックスなど便利な家電が普及した「昭和」にもあてはまる。さらに古くは明治の末期、集落ごとの神社を人為的に統廃合（合祀《ごうし》）しようとした政府の方針に対し、強硬な反対運動をした博物学者・南方熊楠《みなかたくまぐす》が思い起こされる。この反対運動は多くの国民の賛同を得、大正九年には、神社合祀は無益だと議会で決議されるに至った。大正から昭和へと受け継がれ、地域住民の意識、信仰、そして暮らしの拠《よ》りどころであった祭りについて、ここではまず「大津三大祭り」から見ていきたい。

　山王祭は、坂本・日吉大社の例祭で、市の無形民俗文化財に指定されている。祭事は三月第一日曜日の神事・お輿《こし》上げに始まり約一カ月半にわたり、四月十一～十四日の三日間、その中心となる神事が行われる。十二日は午《うま》の神事《じんじ》。夜、駕輿丁《かよちょう》と呼ばれる地元の男たちが牛尾山から二基の神輿を東本宮へ担ぎ降ろす。十三日は、花渡り式と、神輿を激しく揺り動かして若宮誕生を表す宵宮《よみや》落とし。十四日には天台座主による五色の奉幣《ほうへい》、そして七基の神輿を船に乗せて琵琶湖に繰り出す船渡御《ふなとぎょ》と、勇壮な祭礼が続く。

　大津祭は江戸時代に始まったもので、京都祇園祭の風情を色濃く継承した天孫神社の祭礼。現在の日程は、体育の日の前々日が宵宮、次の日が本祭となっている。宵宮では、午前中に曳山を飾り付けて午後、宵宮曳きを行う。夕刻、街中では提灯が灯され曳山が披露される。翌日が本祭で、天孫神社前に集合した曳山十三基が九時前に出発、丸一日をかけて街中を華やかに巡行する。その間、厄除けちまきや手拭いが曳山の上から撒かれ、また各所でからくりが披露される。

　船幸祭《せんこうさい》は、日本武尊《やまとたけるのみこと》が海路を東征した故事に由来する建部大社の例祭。八月十七日の本祭には、建部大社から川岸まで巡行した大小の神輿が御座船に乗せられ、船団を従えて瀬田川を往復する。夕闇のなか、川岸のかがり火や提灯の灯りが川面に照り映え、夜空には豪快な花火が打ち上げられる。

　さらに本章では蛭子神社、早尾神社ほか市内各社の例祭、また三井寺の千団子祭、御田神社の綱引き行事、花達院の開帳など伝統を受け継ぐ行事風景を掲載した。

**▲大津祭、曳山《ひきやま》からのちまき撒き**　曳山から撒かれるちまきを得ようと、小中学生に混じって大人も手を伸ばす。ちまきは厄除けとして玄関先に吊しておく。その歴史は江戸時代にさかのぼり、京都・祇園祭から伝わった風習といわれる。〈京町・昭和36年・撮影＝前野隆資氏、提供＝滋賀県立琵琶湖博物館〉

**▲大津祭の曳山巡行**　中央１丁目交差点。からくり人形が乗る曳山や厄除けのちまき撒きを目当てに観光客が多く訪れる大津祭は天孫《てんそん》神社の例祭。県の無形民俗文化財にもなっており、湖国三大祭りのひとつに数えられる。〈中央・昭和 36 年・撮影＝前野隆資氏、提供＝滋賀県立琵琶湖博物館〉

**▶市役所前付近を進む曳山**　曳山には笛、太鼓など賑やかなお囃子の面々が見える。市役所庁舎は昭和３年の竣工で、設計は前田輝之助。〈中央・昭和 32 年・撮影＝前野隆資氏、提供＝滋賀県立琵琶湖博物館〉

**◀滋賀会館前付近を巡行する曳山**　13基の曳山のひとつ「西行桜狸山」。この曳山は毎年、巡行の順番を決めるくじの結果とは関係なく、先頭を巡行する。写真左側に見える森永乳業の店舗には、いまでも使われている「ホモちゃん」のマークが写っている。〈京町・昭和38年・提供＝高嶋貴子氏〉

**▶お囃子を奏でる子どもたち**　大津祭では、各曳山ごとに特徴のあるお囃子を奏でながら各町を巡行する。子どもたちが演奏に参加する曳山もあった。〈京町・昭和46年・提供＝山本光晴氏〉

**◀▲電車道の曳山**　本祭の巡行で華やかな姿を見せる曳山。14町から13基のからくり付き曳山が繰り出し中心街を巡行、その際に曳山上で「所望《しょうもん》」が行われる。〈上／中央・昭和33年・撮影＝前野隆資氏、提供＝滋賀県立琵琶湖博物館、左／浜大津・昭和39年・提供＝アイデア商事〉

**▲日吉大社の山王祭**　湖国三大祭りのひとつであり、日吉祭、日吉山王祭、坂本祭とも呼ばれる。同神社は明治４年に官弊大社の社格を得た由緒ある神社。巡行を先導する人たちは、日の丸を描いた扇子を振り上げている。〈坂本・昭和38年頃・提供＝徳永茂氏〉

**▶山王祭の花渡り式**　甲冑を着た稚児の後ろを、造花を持った青年たちが歩いている。出産を迎える神に、お祝いの花を供える儀式。同日夜に、出産を表現した「宵《よ》宮《みや》落とし神事」が執り行われる。〈坂本・昭和38年頃・提供＝徳永茂氏〉

**▲▼建部大社の船幸祭に参加する稚児たち**　日本《やまと》武尊《たけるのみこと》を祭神として祀る建部大社。同社の夏祭りでは、日本武尊が船団を従えて海路を渡ったという故事に基づいた船幸祭が行われ、湖国三大祭のひとつでもある。現在とは舟の形が異なっている。〈神領・昭和 39 年・提供＝高嶋貴子氏〉

▶**建部大社の船幸祭**　南郷の御旅所へ向けて巡行する御座船を唐橋上から撮影する。大神輿を載せた御座船が先頭を進み、その後ろを船団が続く。このころはまだ上り下りとも手こぎの船だった。〈唐橋町・昭和30年・撮影＝前野隆資氏、提供＝滋賀県立琵琶湖博物館〉

◀**建部神社に来た伊勢大神楽①**　節分の日、建部大社に伊勢大神楽がやってきた。獅子舞を中心に、さまざまな曲芸を演じながら、祭礼時に各地を巡業する。もともとは伊勢神宮に奉納する神楽である。〈神領・昭和31年・撮影＝前野隆資氏、提供＝滋賀県立琵琶湖博物館〉

▶**建部大社に来た伊勢大神楽②**　伊勢大神楽の周りは大人の見物客で溢れてしまったため、自転車の荷台に立って見物する子どもたち。〈神領・昭和31年・撮影＝前野隆資氏、提供＝滋賀県立琵琶湖博物館〉

**▲三井寺の千団子祭**　鬼子母神の祭礼。1,000 個の団子を供えることからその名が付いた。600 年以上続き、現在も放生会や鬼子母神立像の開帳、その他さまざまな催しが行われ賑わっている。〈園城寺町・昭和 47 年・撮影＝前野隆資氏、提供＝滋賀県立琵琶湖博物館〉

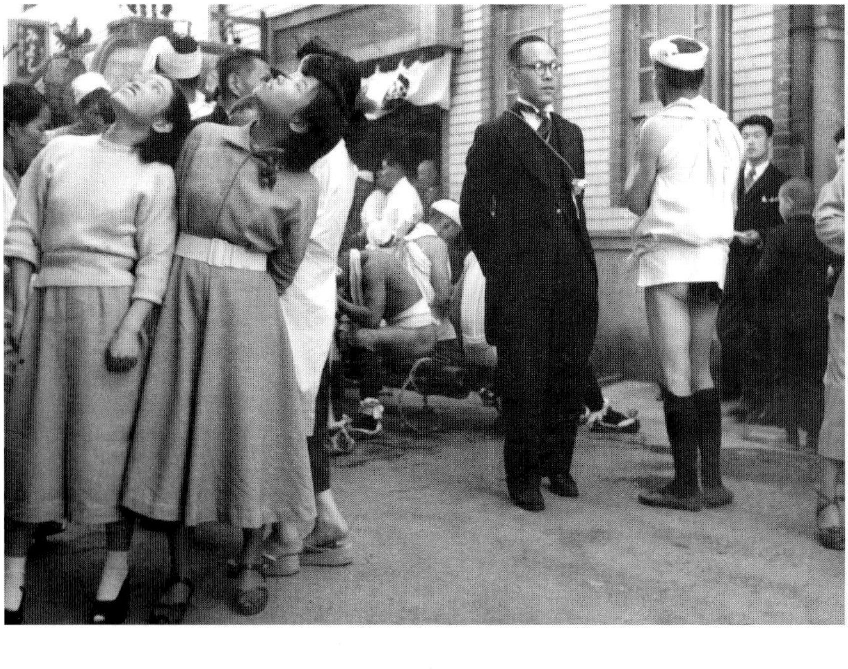

**◀▲三尾神社の祭礼**　礼服の男性が神輿を先導する。同神社ではほかに、毎年 1 月に蛇打ち神事が行われ、悪疫退散を祈って蛇を柱にくくりつける。神社の拝殿は昭和 9 年の室戸台風による倒壊の後、再建された。〈上／園城寺町、左／浜大津・昭和 24 年・提供＝山本忠勝氏〉

**◀蛭子祭**　中央2丁目にある蛭子神社の祭り。七福神やひょっとこの面をつけた行列が町内を練り歩いている。丸屋町商店街にて。〈中央・昭和33年・撮影＝谷本勇氏、提供＝大津市歴史博物館〉

**▶早尾神社の例大祭①**　祭りに参加した子どもたちの記念撮影。例大祭は毎年5月5日に行われるので、後方には鯉のぼりが写る。同神社の御祭神は猿《さる》田《た》彦命《ひこのみこと》。右奥に見える皇子山体育館は昭和54年に解体された。ここで力道山のプロレス興行が行われたこともある。〈御陵町・昭和50年代前半・提供＝清水弥一郎氏〉

**◀早尾神社の例大祭②**　市役所前にて。白い法被に、草鞋、頭に鉢巻で気合い充分の男たち。神輿を先導する人たちも、やはり鉢巻を締め盛んに扇子を振っている。〈山上町・昭和53年・提供＝清水弥一郎氏〉

**▶鳥居川御霊《ごりょう》神社の祭礼**　石山商店街の鶴屋呉服店（現鶴屋ビル）前。一時期、写真のように、神輿をトラックに載せて渡御していたこともあった。〈粟津町・昭和31年頃・提供＝加藤義治氏〉

**▼御田《みた》神社の綱引き行事**　坂本の御田神社で毎年1月15日に行われている。氏子たちが総出で大綱を綯《な》い、豊作を祈って綱引きを行う。綱はその後、大蛇に見立ててとぐろ巻きにして、社殿の前に置かれる。〈坂本・昭和34年・撮影＝前野隆資氏、提供＝滋賀県立琵琶湖博物館〉

**▲▼高穴《たかあな》穂《ほ》神社の祭礼**　同社の本殿背後には、『古事記』や『日本書紀』に登場する高穴穂宮の跡碑が建っている。高穴穂宮の所在地は、地名から現大津市の高穴穂神社付近が有力とされているが、それに関わる遺跡や遺物の発見はない。上写真は祭りのようす。下写真は参加者の記念撮影。稚児行列に参加した子どもたちが前方に写る。〈穴太・上／昭和 38 年頃、下／昭和 43 年・提供＝徳永茂氏〉

**▲八所神社の神輿渡御**　同神社が祀るのは大己貴神、菊理姫神。伊香立の向在地、生津、上在地、北在地、下在地からなる集落の氏神である。祭りの日もこれら５地区から人が集まっていた。〈伊香立下在地町・昭和29年・撮影＝前野隆資氏、提供＝滋賀県立琵琶湖博物館〉

**◀萱野神社の大祭**　終戦直後の写真。白い法被と褌姿に勇ましさを感じる。同神社は、江戸時代まで九大王社、九帝王宮などと称されていた。〈大萱・昭和20年代前半・提供＝南大萱会館資料室〉

**▲神輿の前で記念撮影**　和邇祭での一枚。和邇祭は天皇神社で行われる、南浜、中浜、北浜、和邇中、今宿、高城の祭礼。このころは毎年５月８日が祭礼日だったが、現在は５月第２日曜日に挙行されている。〈和邇中・昭和20～30年代・提供＝和迩秀信氏〉

**▶小野神社の祭礼①**　天足《あまたらし》彦国押人命《ひこくにおしひとのみこと》と、その子孫である米餅搗大使主命《たがねつきおほおみのみこと》という、小野妹子で知られる小野氏の氏神を祀っている。米餅搗大使主命は餅づくりの祖とされ、製菓業界からの信仰が篤い。〈小野・昭和36年・提供＝大道裕子氏〉

**◀小野神社の祭礼②**　太鼓を運ぶ途中で休憩しているのだろうか。当時は太鼓を人力で運んでいたが、現在はタイヤがついている。〈小野・昭和 40 年・提供＝大道裕子氏〉

**▲花達院の開帳記念**　比良山花達院は小野道風神社の南側にあり、毎月 17 日には観音講で地域の人たちが集う。また、33 年に一度、阿弥陀如来の開帳があり、写真はそのときのもの。花達院には阿弥陀如来のほかに 33 体の仏像が安置されていたが、そのうち 12 体が十数年前に盗難に遭い、数を減らしてしまった。〈小野・昭和 43 年・提供＝大道裕子氏〉

# 9 暮らしとできごとのスナップ

この章には、戦後の人びとの生活のようすや、大津市で行われたできごとの写真を収めた。「激動の時代」といわれた昭和時代、とくに戦後の高度経済成長は、社会のあらゆるものを変貌させた。いまでは見られなくなったものや、失われた光景も多い。当時、なにげなく写されたこれらのスナップは、いまとなっては、大津市、さらには日本の歴史というパズルの重要な一ピースをなしている。

昭和二十八年、ＮＨＫが東京でテレビの本放送を開始した。そのころのテレビは非常に高価で、電気洗濯機、電気冷蔵庫と合わせて「三種の神器」と呼ばれたあこがれの品であったが、大量生産によって価格が下がり、同三十年代中ごろから一般家庭に普及するようになった。洗濯機や冷蔵庫、それに掃除機も少し遅れて普及し、それまでおもに主婦が行っていた家事労働の負担を大きく低減させた。

自動車も、戦前から昭和二十年代終わりごろまでは、見かけるのはもっぱら事業用か商用車であったが、二輪車の普及に続き、同三十年代初頭から自家用車を持つ人が少しずつ増えはじめた。四十年代には急増し「マイカー時代」が到来したが、排気ガスによる公害や交通事故などがしだいに深刻化し、社会問題となった。

なりわいに目を転じると、一家総出で行った農作業の風景が印象に残る。また、かつては、琵琶湖固有種のセタシジミが豊富に獲れ、シジミかきの舟や、それを売り歩く行商人の姿も日常的に目にするものだったが、いまは漁獲量が激減し、「身近な味」からは遠ざかっている。

大津の戦後を彩った特筆されるべきできごととして、県政百周年、市制七十周年の記念事業として昭和四十三年に開催されたびわ湖大博覧会が挙げられる。その二年後に開催された日本万国博覧会（大阪万博）の小型版ともいわれ、会場内では万国博をＰＲする特設展示も行われた。

昭和四十年代後半から日本経済は安定成長期に入り、経済成長にともなって発生した負の側面、すなわち公害やゴミ問題、都市への人口集中などに、ようやく目が向けられるようになった。同五十二年には琵琶湖に淡水赤潮が発生、主婦たちを中心に、合成洗剤の追放、粉石けんの使用奨励などの社会運動が起こった。同五十四年、滋賀県は琵琶湖富栄養化防止条例（琵琶湖条例）を制定、現在も「母なる湖」を守るため、さまざまな環境保全活動が展開されている。

**▲正月の獅子舞**　石山駅の北付近。正月、各家を回って芸を披露する門付の獅子舞がやってきたところ。道具店の前に立っている子どもたちは、戦後の玩具で最初のブームといわれ、当時大流行していたホッピングを持っている。〈晴嵐・昭和 32 年・提供＝大西明氏〉

**◀大津保健所の結核街頭検診**　街頭でレントゲン検診をしているようす。昭和20年代まで「不治の病」「亡国病」と恐れられた結核は、抗生物質を用いた療法の普及や生活水準の向上により、30年代以降、罹患率が激減した。〈大津市内・昭和29年・提供＝滋賀県〉

**▼比良病院の玄関口で**　昭和9年に滋賀県立比良園として創設。このころ、全国各地の空気が良好な地に建てられた国立の結核病棟のひとつだった。同49年に国立療養所比良病院と改称。平成14年以降は日本赤十字社が運営を引き継ぎ、大津赤十字志賀病院となっている。〈和邇中・昭和36年・提供＝和迩秀信氏〉

**▶集団就職**　大津駅での集団就職の若者たちの歓迎式典のようす。当時、「金の卵」と呼ばれた地方の中卒者が集団で大都市へ働きに来た。高校に進学する生徒が増えたため、昭和50年代前半ごろには見られなくなった。〈春日町・昭和39年・提供＝滋賀県〉

**◀中町通の食堂**　現在の柳町自治会館の西隣にあった松味食堂の開店当時のようす。丸テーブルの奥に酒瓶が並ぶカウンターが配置された、洒落たつくりになっている。〈中央・昭和25年・提供＝アイデア商事〉

**▶導入されたばかりの市営霊柩車**　中町通、現在も営業している乾物の千丸屋付近から東を望む。ボンネットバスを改造したと思われる市営の霊柩車が停車している。〈中央・昭和38年・提供＝アイデア商事〉

**◀滋賀会館屋上にあったゴルフ練習場**　ハンチング帽を被った男性が的目掛けてゴルフクラブをフルスイング。滋賀会館は解体され更地となり、NHK大津放送局が建設される予定である。〈京町・昭和37年・提供＝吉村有紀子氏〉

**▼滋賀銀行膳所支店にて**　開店1周年記念のパンフレット作成のために撮影された写真。滋賀銀行は、第百三十三国立銀行と八幡銀行の合併により昭和8年に設立された。〈本丸町・昭和44年頃・提供＝吉村有紀子氏〉

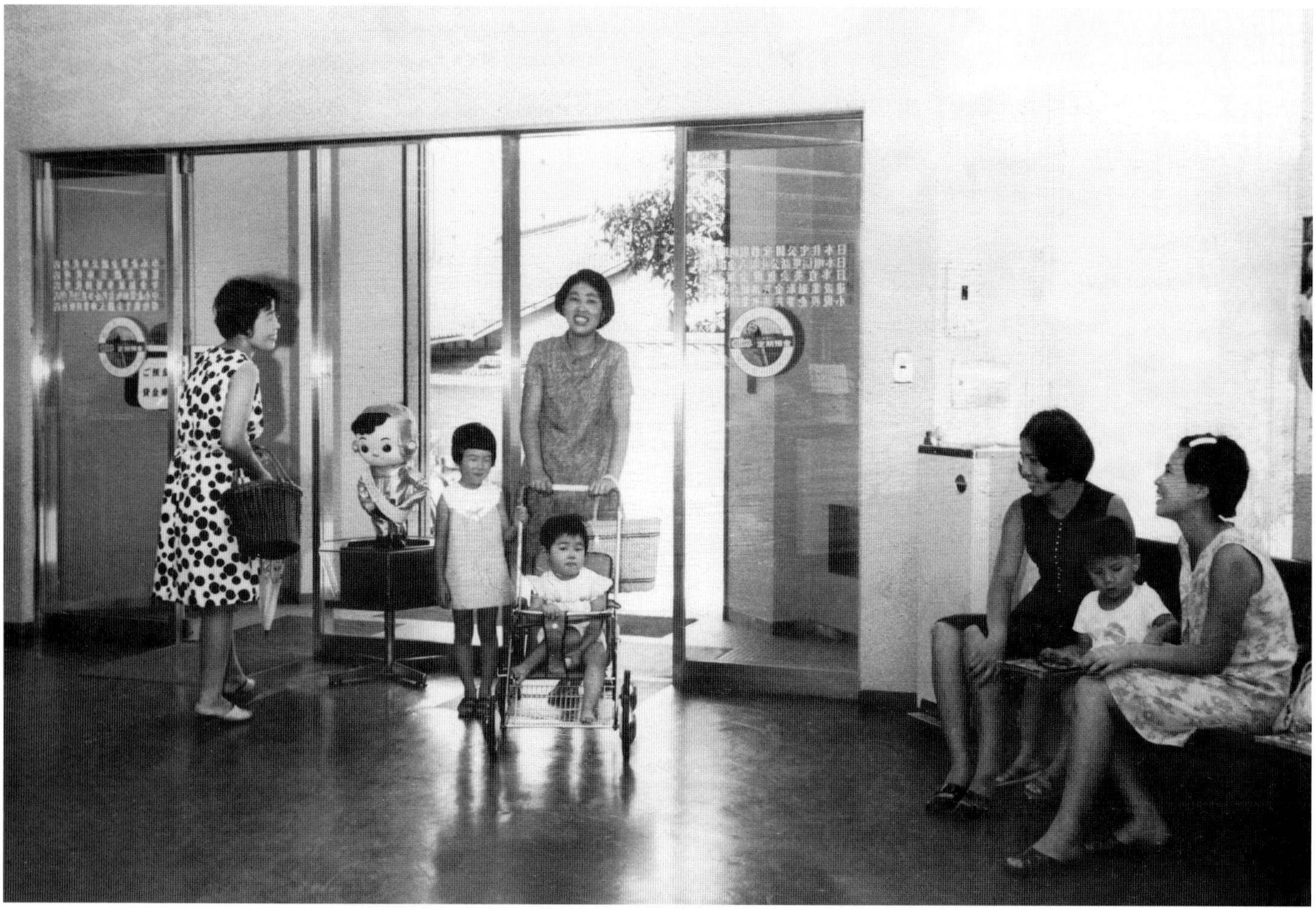

**▶自動車教習所花盛り**　真野自動車教習所の第5期生卒業記念写真。当時はマイカーブームで、教習所に通う人も年々増加した。前列には女性も写っている。〈真野・昭和39年・提供＝北村郁子氏〉

**◀瀬田町役場の御用始め**　年が明けて最初の出勤、御用始めの記念写真。前列の女性職員のように、昭和末期までは晴れ着で出勤する人も多かった。写真中央下の席に座っている、両手を膝に置いた男性が瀬田町長。〈大江・昭和40年・提供＝問宮和彦氏〉

**▶東芝の商品を扱う山本商店**　浜大津にあった電気器具販売店で、硝子店から転業した。軒下の看板に書かれている「マツダランプ」はアメリカの電球ブランドで、日本では明治時代から東京電気（現東芝）が許可を受けて製造販売していた。〈浜大津・昭和25年頃・提供＝山本忠勝氏〉

**◀志賀町長選挙**　和邇郵便局の南あたりでの立候補者の街頭演説のようす。この年の志賀町長選挙では、現職の添田弘之町長が2期目の当選を果たした。写真左端が「榎の石碑」がある交差点。〈和邇今宿・昭和49年・提供＝田中宏氏〉

**◀▲萱尾川堤防での映画ロケ**　火縄銃を担いだ足軽が萱尾川堤防を歩く。このあたりは電線が少なく、鄙《ひな》びた景観が残っていたため、しばしば時代劇のロケ地となった。付近の住民が撮影現場をひと目見ようと集まっている。〈平野・昭和40年頃・提供＝山元和彦氏〉

**▶自動車に乗り込む花嫁**　両脇の人に視界を遮られ、肝心の花嫁は角隠ししか見えない。当時の結婚式は、現在よりも、家と家との結びつきの意味合いが強かった。〈晴嵐・昭和34年頃・提供＝大西明氏〉

**◀花嫁道中**　花嫁が、自宅から同じ町内の花婿の家へ向かうようす。婚礼は、晴れて夫婦となった男女が新たな人生を踏み出す節目であり、家族、親族、地域の人びとと喜びを分かち合うハレの日であった。〈大物・昭和43年・提供＝北村郁子氏〉

**▶大津駅から新婚旅行**　結婚式後、大津駅に見送りに来た出席者と記念撮影。当時の新婚旅行は海外に行くことは稀で、伊豆、熱海、宮崎などがおもな旅行先だった。〈春日町・昭和38年・提供＝高嶋貴子氏〉

**▶琵琶湖沿岸の桟橋**　湖岸に備えられていた各家専用の桟橋で洗濯をする。写真では気持ちよさそうに見えるが、冬の寒い日も毎日行う辛い作業だった。和邇では、昭和40年代に水道が普及するまで、湖岸で洗濯をしていた。〈和邇中浜・昭和25年頃・提供＝和迩秀信氏〉

**◀瀬田川の洗濯場**　瀬田唐橋の東詰、竜王宮付近。後ろでしゃがんでいる女性は場所が空くのを待っている。当時、家で洗った洗濯物を湖や川に持って行き、すすぎをする人が多かった。〈瀬田・昭和32年・撮影＝前野隆資氏、提供＝滋賀県立琵琶湖博物館〉

**▶竈《かまど》の並ぶ台所**　台所、または台所で使われていた煮炊きをするための石組みの竈を「クド」と呼んでいた。提供者の自宅での撮影で、この家は湖西線長等山トンネル工事のため建て替えられた。〈山上町・昭和30年・提供＝清水弥一郎氏〉

**▲茅葺き屋根の葺き替え**　地元の職人による葺き替えのようす。写真奥にも、いくつもの茅葺き屋根が写っている。茅葺き屋根は昭和30年代から急速に減り、現在、地元の職人はいなくなった。〈平野・昭和40年頃・提供＝山元和彦氏〉

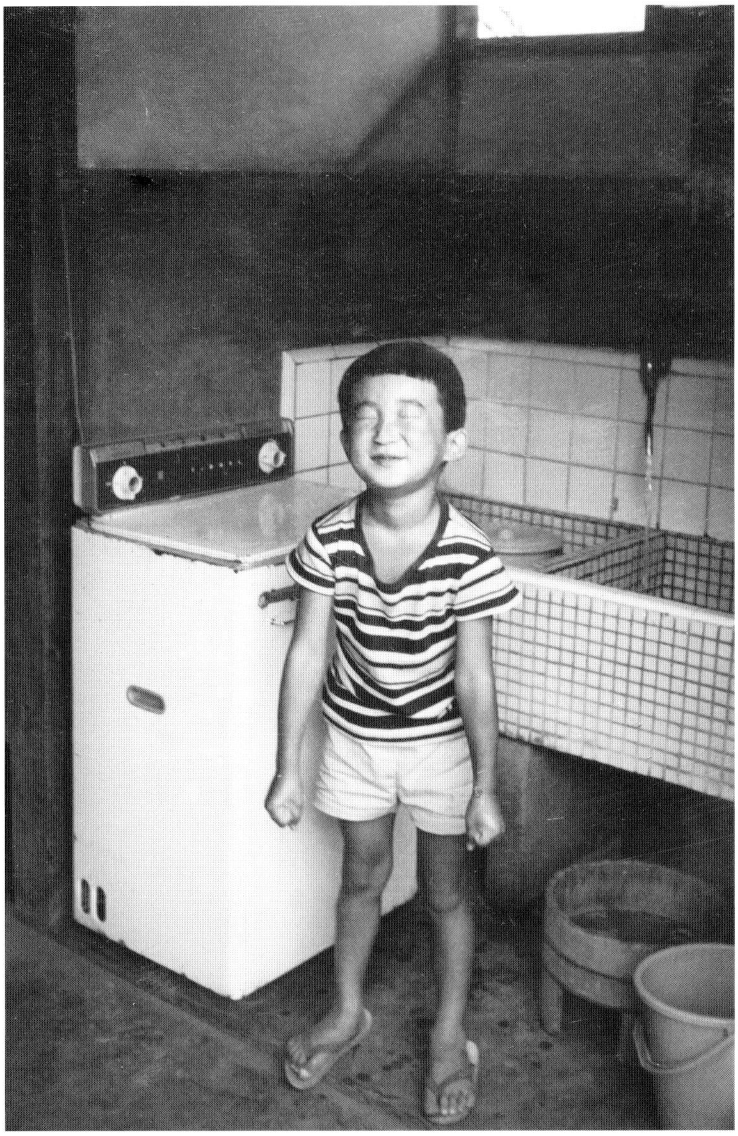

**◀洗い場に置かれた二層式洗濯機**　写ってはいないが、隣には風呂がある。昭和30年代以降の高度経済成長を経て、家庭の電化は顕著になり、人びとの生活様式も変わっていった。〈山上町・昭和42年頃・提供＝清水弥一郎氏〉

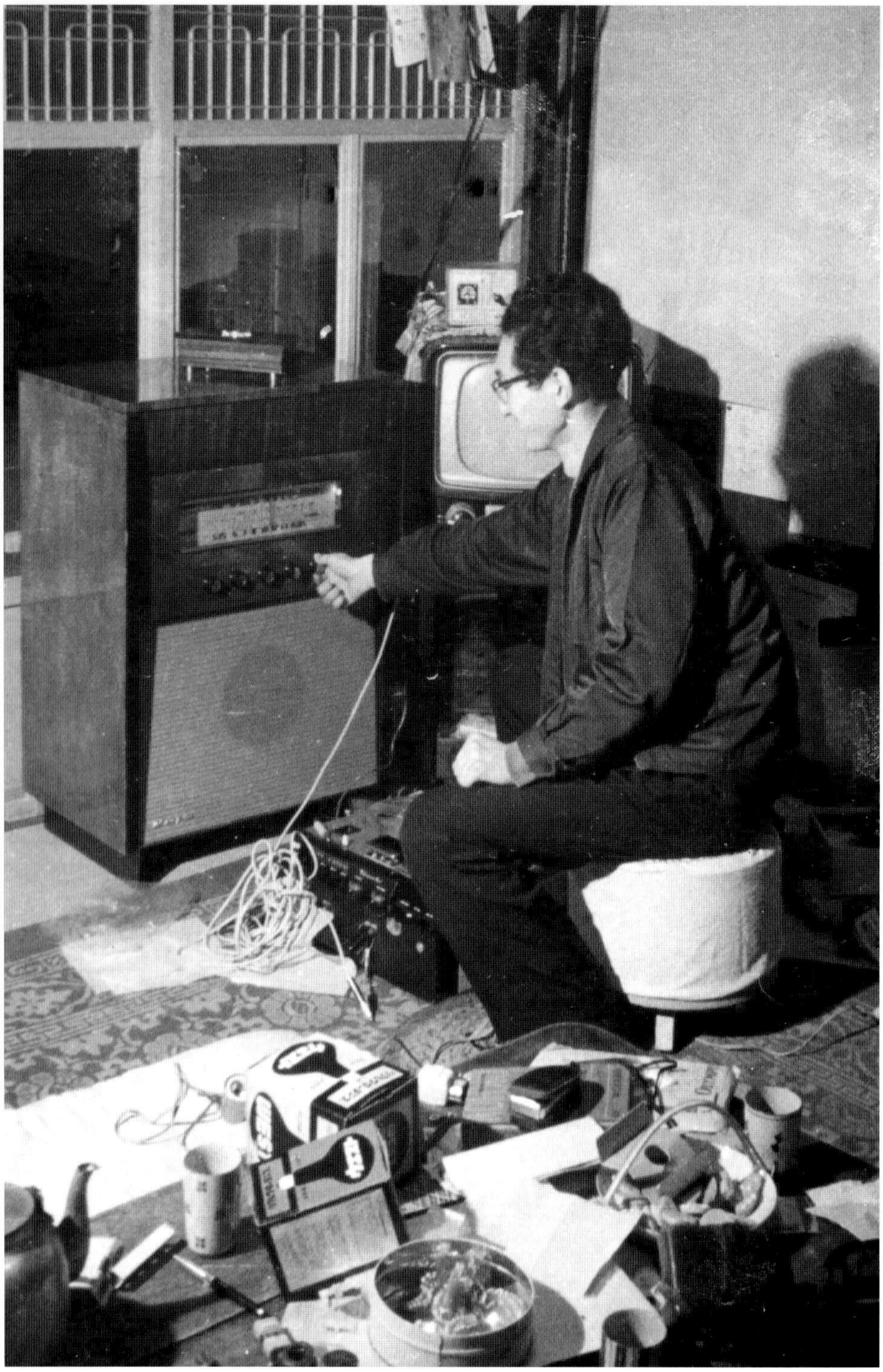

**◀自作の真空管アンプ**　昭和30年代に入ると、白黒テレビ、洗濯機、冷蔵庫が「三種の神器」と呼ばれ、庶民のあこがれとなった。同30年代後半あたりから、ラジオやテレビ、アンプなどはトランジスタを使用したものが主流となり、同45年ごろには真空管を使用したものは生産中止となった。〈和邇中浜・昭和30年・提供＝和迩秀信氏〉

**▶合成洗剤の回収**　トラックに積み込まれた洗剤の箱。昭和52年、琵琶湖に赤潮が発生し、その原因として、当時の合成洗剤に含まれていたリン酸塩があげられた。同54年、滋賀県は「琵琶湖富栄養化防止条例」を制定。工場排水の規制強化と、リンを含む合成洗剤の使用、販売、贈与を禁じた。現在、ほぼすべての家庭用洗剤にリン酸塩は含まれていない。〈大津市内・昭和55年・提供＝滋賀県〉

**▶自慢のホンダ・ドリーム**　本田技研工業の自動二輪車・ドリームＤにまたがる男性。昭和24年に発売された本格的なオートバイで、当時珍しかった赤い車体が目を引いた。ドリームはのちにシリーズ販売され人気を博した。〈浜大津・昭和25年頃・提供＝山本忠勝氏〉

**▼商店のトラック**　トヨペットSB型小型トラック。ウインカーはアポロ式になっていた。宣伝旗に書かれた「岡田乾電池」は東芝電池の前身企業で、明治39年に岡田悌蔵《ていぞう》が創業した。〈浜大津・昭和25年頃・提供＝山本忠勝氏〉

**◀ステテコ姿でクラウンの手入れ**　国産高級車として庶民のあこがれだった初代クラウン。このころから徐々にマイカーを持つ人が増えてきた。写真の人物は、近隣でもっとも早くマイカーを手に入れたことが自慢だったという。〈瀬田・昭和33年頃・提供＝鎌田康子氏〉

**▼マツダ・R360クーペ**　「戦後初のクーペ」を発売後間もなく購入。スーツ姿の男性は滋賀大学の事務員だったが、教授よりも早くマイカーを購入したという。〈木下町・昭和35年頃・提供＝安井憲子氏〉

**▲賑わうモーターショー会場**　ナカマチ商店街連合会が主催したモーターショー。昭和45年の大阪万博後に空前のスーパーカーブームが起き、特に子どもたちの人気を集めた。〈長等・昭和52年・提供＝菱屋町商店街振興組合〉

**▲苗代の消毒にポンプ車登場**　ゴムタイヤの荷車にクボタのエンブレム付きポンプが搭載されている。昭和25年制定の植物防疫法（それまでの害虫駆除予防法を統合）、新薬の開発とも相まって田畑への農薬散布が盛んに行われるようになった。〈和邇中・昭和29年・提供＝大道裕子氏〉

**▼田植え**　苗代で育てた稲の苗を水田に移し植える。一日中腰を曲げたままの田植えは辛い作業。機械化が進む昭和40年代後半ごろまで手作業が一般的であった。現在、写真の場所付近は、松ヶ丘などの住宅地や新名神高速道路が建設されている。〈田上牧町・昭和40年頃・提供＝山元和彦氏〉

◀**農繁期の食事風景**　忙しさから、屋内で休まず、稲刈り後の田んぼで食事をしている。弁当を食べる人もいれば、茶碗にご飯をよそってそのまま食べている人も。〈大萱・昭和35年頃・提供＝南大萱会館資料室〉

▲**農作業の休憩時間**　秋の刈り入れ時などの農繁期には、簡易小屋は、食事をとり、休憩する場所でもあった。当時、農村の小中学校では、農作業を手伝うために農繁期休暇という休業日が設けられていた。〈田上牧町・昭和40年頃・提供＝山元和彦氏〉

**▲刈った稲を脱穀**　田んぼのなかに置かれた脱穀機。脱穀は稲から籾《もみ》を落とす作業。発動機の動力を利用した脱穀機の普及で、作業効率が飛躍的に向上した。〈田上牧町・昭和40年頃・提供＝山元和彦氏〉

**▲芝刈りの女性たち**　薪となる灌木やコウゾなどを採集し、自分の身体よりも大きな荷物を背負って山を下る。〈森・昭和40年頃・提供＝山元和彦氏〉

**▶収穫した麻を空き地に干す**　和邇では多くの農家が麻を栽培していた。麻は古くから繊維の原料として、国内各地で栽培されてきた。木綿の普及後も縄や網、布、衣服などの用途に使われたが、昭和23年の大麻取締法の制定により、栽培には免許が必要となった。〈小野・昭和36年・提供＝大道裕子氏〉

**▲はねつるべ**　柳が崎の畑にあったはねつるべ。柱の上に横木を渡し、一端の石の重みで、もう一端に結びつけたつるべをはねあげ、井戸から水を汲む仕組みである。当時は、畑のいたるところでこのような光景が見られた。〈柳が崎・昭和31年・撮影＝前野隆資氏、提供＝滋賀県立琵琶湖博物館〉

**▼琵琶湖のシジミかきの舟**　汽船の甲板から撮影されたシジミかきの風景。奥には飛び込み台が設置された御殿浜水泳場が見える。このころは、まだセタシジミが豊富に採れた。〈昭和30年・撮影＝前野隆資氏、提供＝滋賀県立琵琶湖博物館〉

**▲堅田漁港で貝の選別作業をする女性たち**　魚箱に入れたシジミやカラス貝の身をとり、殻を捨てる。女性の足もとは捨てられた貝殻で埋め尽くされている。湖岸近くに作業場兼住居を建て、さらに作業が続けられた。〈今堅田・昭和39年・撮影＝前野隆資氏、提供＝滋賀県立琵琶湖博物館〉

**▶シジミ売りの行商人**　唐橋を渡って膳所にやってきたシジミ売りのおばさんと客。湖岸近くに住む人びとにとって、魚介類を売り歩く行商人は馴染み深いものであった。シジミのほかに、フナ、ギギ、焼いたウナギ、川エビなども商っていたという。〈丸の内町・昭和31年・撮影＝前野隆資氏、提供＝滋賀県立琵琶湖博物館〉

**▲東洋レーヨン滋賀工場の大煙突**　東洋レーヨンは大正15年に創立。滋賀工場は会社設立と同時に着工された。写真は東海道本線側から南を見る。大きな煙突に取り付けられたネオンは近隣のランドマークだった。〈園山・昭和31年・提供＝大西明氏〉

**◀石山駅からの引込線**　東海道本線から分岐して国道を横断し、東洋レーヨン滋賀工場に引込線が続いていた。おもに石油を運搬していたという。写真奥に工場の煙突が写る。〈粟津町～園山・昭和37年・提供＝東レ〉

**▲応援の声、高らかに**　東洋レーヨン瀬田工場・前紡応援団の出番である。「前紡」とは工場内で糸を紡ぐ工程のひとつ。衣装をそろえた女性たちが、麦わら帽子の団長の指揮のもと、扇子を振って応援している。〈大江・昭和28年・提供＝東レ〉

**▶東レ滋賀工場の運動会**　応援席には「第一紡糸課」「工作課」「第二紡糸課」などと書かれた横断幕が張られているため、課対抗戦であったと思われる。大人だけでなく子どもの姿もみられる。〈園山・昭和31年・提供＝大西明氏〉

**◀従業員家族の工場見学**　東洋レーヨン滋賀工場従業員の家族による工場見学会にて、工場を背に記念撮影。同工場は現在滋賀事業場となっている。〈園山・昭和30年頃・提供＝大西明氏〉

**▲ジェーン台風による被害**　大津駅付近の被害のようす。昭和９年の室戸台風に次いで大きな被害をもたらした。同台風により、滋賀県全体で７人が死亡、297 戸の住宅が全壊した。〈春日町付近・昭和 25 年・提供＝滋賀県〉

**◀県庁前を行進する警察予備隊**
新規隊員募集を宣伝する楽団とバス。警察予備隊は昭和 25 年の警察予備隊令により発足した組織。同 27 年に保安隊、同 29 年に自衛隊に改組された。〈京町・昭和 25 年頃・提供＝滋賀県〉

**▶昭和天皇、初めての県下巡幸**　昭和天皇は11月15、16の両日、滋賀県庁、大津奉迎場などを訪れた。写真は、近江舞子浜で地引網の漁獲に見入るひとコマ。〈南小松・昭和26年・提供＝滋賀県〉

**▼東レ滋賀工場に行幸**　東洋レーヨン滋賀工場で熱烈な歓迎を受ける昭和天皇。11月15日から17日まで滋賀に滞在し、その後、奈良県に向かった。〈園山・昭和26年・提供＝東レ〉

◀「県民の歌」発表会　滋賀会館での発表会のようす。昭和29年、「滋賀県民の歌」が制定された。県民からの応募による詞を西条八十が補い、古関裕而が作曲。舞台上では児童たちが歌を一生懸命披露している。〈京町・昭和29年・提供＝滋賀県〉

▼新瀬田町発足で演芸会　昭和30年4月1日、瀬田町は上田上村と合併し、新しい瀬田町が発足した。写真はその年の夏、第13回びわ湖祭りに合わせて、瀬田川畔で新瀬田町発足演芸会が行われたときのもの。演芸会は川岸に停泊した観光船をステージにして行われた。〈瀬田・昭和30年・提供＝大津市歴史博物館〉

**▶大津市、瀬田町、堅田町の合併**　昭和42年4月1日、大津市と瀬田町、堅田町が合併し、新たな大津市のスタートとなった。3市町長が握手を交わす。後ろに写るのは、合併直後に完成した現在の市役所庁舎。〈御陵町・昭和42年・提供＝大津市歴史博物館〉

**▼アジア大会の聖火リレー**　昭和33年5月24〜6月1日、東京で第3回アジア競技大会が行われた。写真は県庁前での聖火リレーの一場面。この年はアジアの20カ国が参加した。〈京町・昭和33年・提供＝滋賀県〉

**◀国民体育大会の漕艇競技**　第13回国民体育大会の夏季競技が富山県高岡市と大津市で開かれた。競艇場で行われた漕艇競技での応援席のようす。写真前方の観客たちは、立ち上がり、旗を振って応援している。〈茶が崎・昭和33年・提供＝滋賀県〉

**▲皇子山球場の球場開き**　占領軍のキャンプ大津A地区が昭和33年に国に返還されると、跡地を総合運動公園とする構想がたてられた。その第一期工事として、同35年、滋賀県唯一の公認野球場である皇子山球場が建設された。現在も高校野球や大学野球の大会会場として利用されている。〈御陵町・昭和35年・撮影＝前野隆資氏、提供＝滋賀県立琵琶湖博物館〉

**▼琵琶湖文化館完成祝賀の花火**　県立琵琶湖文化館は、滋賀県で最初の県立博物館となる県立産業文化館を前身とし、昭和36年に開館。琵琶湖に関わる文化や近代美術を含む総合博物館としての役割を果たしてきた。建物の老朽化などを理由に平成20年に休館となった。〈打出浜・昭和36年・提供＝高嶋貴子氏〉

**▶びわ湖まつりのオープニングパレード**　浜大津にて、県内各地から感謝使節が集まりパレードを行う。「びわ湖まつり」は昭和10年、県観光協会が中心となって開始された。戦中は中止され、戦後の同24年に復活。滋賀県各地で花火大会などさまざまな催しが行われた。〈浜大津・昭和40年・撮影＝前野隆資氏、提供＝滋賀県立琵琶湖博物館〉

**▲湖水開き**　琵琶湖の春の訪れを祝い毎年3月に催される。昭和31年、冬期に休んでいた観光船の就航を始める日として、大津市観光連盟が始めた。同45年から「びわ湖開き」に改称されている。〈昭和41年・撮影＝前野隆資氏、提供＝滋賀県立琵琶湖博物館〉

◀**東京オリンピックの聖火リレー①**　滋賀銀行石山支店前付近を西に望む。大勢の観客に見守られながらランナーが勇壮に走っている。〈栗津町・昭和39年・提供＝加藤義治氏〉

▲**東京オリンピックの聖火リレー②**　京阪電鉄石場駅付近を西に望む。先導車の後をランナーが続く。ふとんのシブヤはいまも健在である。〈松本・昭和39年・提供＝小寺美保子氏〉

**▲東京オリンピックの聖火リレー③**　県庁前。当時、経路近くに住んでいたり、勤めていた人びとは、ランナーが通ると知ると飛び出して見物に行った。〈京町・昭和 39 年・提供＝小寺美保子氏〉

**▶万国博キャラバン**　県庁前にて。秋田〜大阪間を結んだ大阪万博の宣伝キャラバン。この年には、大阪府吹田市の会場建設の起工式も行われている。昭和 45 年の大阪万博に向け、日本中が祝賀ムードに彩られていった。〈京町・昭和 42 年・提供＝滋賀県〉

**▲▼アベベ、湖国を快走**　琵琶湖毎日マラソンでエチオピアのアベベが優勝。同選手は、昭和35年のローマオリンピックで、合う靴がなかったという理由で裸足で競技に参加、見事優勝をおさめ、「裸足の王者」と話題になった。東京オリンピックのマラソンでも金メダルを獲得した。〈御陵町・昭和40年・提供＝高嶋貴子氏〉

**▲びわこ大博覧会**　中央小学校の遠足にて。県政100周年、市制70周年の記念事業として昭和43年9月20日から行われ、52日間で入場者約100万人を記録する盛況ぶりをみせた。奥に写る「びわこ館」は博覧会終了後に市立科学館となった。〈におの浜・昭和43年・提供＝前田浩史氏〉

**▶びわこ大博覧会の開会式**　9月20日に行われた開会式のようす。ステージ上では吹奏楽の演奏、ステージ下では子どもたちによるバトンと、浴衣姿の女性たちによる踊りが披露されている。〈におの浜・昭和43年・提供＝滋賀県〉

**◀上空から見た博覧会会場**　開催前、9月6日時点での会場空撮写真。同博覧会は、2年後の日本万国博覧会（大阪万博）のプレイベントとしても位置づけられ、会場内には、大阪万博を紹介する「万博館」も設置されていた。〈におの浜・昭和43年・提供＝滋賀県〉

**▲人気のパビリオン・おりがみ動物園**　博覧会会場にはお祭り広場を囲んで「万博館」「電力電波館」などさまざまなテーマ館（パビリオン）が配置された。写真は、巨大な折り紙でつくられた動物に興味津々の子どもたち。〈におの浜・昭和 43 年・提供＝安井憲子氏〉

**▼ホバークラフトが初登場**　博覧会会場には、当時、日本に 1 隻しかなかったホバークラフトの乗り場もあった。ホバークラフトは三菱重工業製の「ひかり」。会場と柳が崎、草津市の間を結んで人気を博した。38 人乗りで、乗船料は大人が 500 円だった。〈におの浜・昭和 43 年・提供＝安井憲子氏〉

# 10 戦後教育と思い出の学舎

戦後、日本を支配下においた連合軍最高司令官総司令部（ＧＨＱ）は、それまでの日本を根底からつくり替える諸政策を打ち出した。その最たるものが教育制度の変革である。

昭和二十一年、アメリカ教育使節団によって第一次報告書が提出された。教育現場からの軍国主義、国家主義的思想の排除に重きを置いたもので、歴史、地理、修身科目の廃止を含む教科内容の全面的改変、国定教科書の廃止、男女共学および六・三・三・四制の修業年数の導入などが記載されていた。政府はそれを受け、同二十二年に学校教育法ならびに教育基本法を施行、義務教育の延長、複線型から単線型への教育体系の変更などの整備を行った。その後軽微な変更はあったが、基本的に、このときに定まった教育システムが現在まで続いている。

ともあれ、法整備とともに戦後の教育は始まった。大津では、昭和二十二年、中央国民学校（現中央小学校）が、ＧＨＱ指定の近畿新教育実験学校となった。アメリカ式の民主主義教育を地域に根付かせるためのモデルスクールで、それまでの「忠君愛国」から百八十度異なる教育に戸惑いながら、新しい「小学校」が産声を上げた。また、同二十五年には、逢坂小学校が全国で三校のみの文部省の建築モデルスクールに指定され、同二十七年には市内初の鉄筋コンクリート造校舎が建設された。

小学校と違い、戦後新たに設置が義務づけられた新制中学校は、校舎や設備、教員の確保から始めなければならなかったため、特に苦労が大きかった。大津でも、昭和二十二年に最初の五校が開校したが、いずれも校舎の目処は立たず、小学校などを仮校舎にしてのスタートだった。各校はそれぞれ、寄付金募集や公債発行を行い新校舎建設を急いだ。

新制高校は昭和二十三年に設立された。大津では、旧制中等学校を再編した四校などが開校したが、直後の総合制、学区制の導入や、講和条約発効後の改編により、統合や分離、校名変更が目まぐるしく行われた。

旧制大学が存在しなかった滋賀県だが、ＧＨＱの「一府県一大学」の方針により新制大学設置の機運が高まった。昭和二十四年、彦根経済専門学校と滋賀師範学校の統合により滋賀大学が開学、大津には、師範学校の流れを受け継いだ学芸学部が置かれた。

**▲修学旅行で伊勢へ**　大津駅にて。今から出発だろうか、心躍らせる中央小学校の児童たち。満面の笑みで窓から体を乗り出している。同校は打出浜学校という名前で明治６年に開校。それから４度校名を変えているが、所在地は現在まで変わっていない。〈春日町・昭和28年頃・提供＝中央小学校〉

**▲逢坂小学校でフォークダンス**　高松宮の来校を記念して、校庭でフォーク・スクエアダンスを踊る児童たち。同校は明治6年創立という古い歴史をもち、明倫学校、尊道学校を経て統合、改称ののち現在の校名に至る。この年には鉄筋コンクリート造の校舎となり、体育館やランチルームも併設された。〈音羽台・昭和27年・提供＝逢坂小学校〉

**◀校舎増築陳情団が東京に出発**　大津駅にて。逢坂小学校は昭和25年に全国で3校指定された文部省の建築モデルスクールである。しかし、さらなる教育環境の向上を訴え、校舎増築陳情団を東京へ派遣した。「教育の場を与えよ」「モデルスクールの名前が泣く」などと書かれた幟を持っている。〈春日町・昭和27年・提供＝逢坂小学校〉

**▼中央小学校の運動場**　準備体操に余念がない、鉢巻きに体操服の児童たち。同校の歴史は、明治6年の打出浜、開達、日新3校の開校にさかのぼる。昭和22年にはGHQ指導の近畿新教育実験学校に指定され、同年4月からの新制初等教育下でのモデルスクールとなった。〈島の関・昭和28年頃・提供＝中央小学校〉

**▶中央小学校の授業風景**　ノートに鉛筆を走らせる児童たち。木製の机を男女隣り合わせで並べ、椅子の背にカバンをかけている。中央小学校の校舎は、膳所、瀬田、平野の各小学校と同じ昭和45年に鉄筋コンクリート造に改築された。〈島の関・昭和34年頃・提供＝中央小学校〉

**◀平野小学校の運動会**　借り物競走のゴールの瞬間。後ろの方では大人が児童に手を引かれている。同校は、昭和24年に県下で唯一ユニセフの指定校となり、ユニセフ寄贈の物資で学校給食を充実させた。翌年から大津、彦根、長浜の3市で完全給食が実施された。〈馬場・昭和22年・提供＝山本光晴氏〉

**▲長等小学校の運動会**　母親に見守られて運動場を元気に走る児童たち。運動会だが、体操着や鉢巻きは身に着けていない。明治6年に設立された修道学校と弘道学校が増築と移転を重ね、昭和40年に統合し現在の長等小学校に至る。〈大門通・昭和25年頃・提供＝山本忠勝氏〉

**▲長等小学校の授業風景**　算数の授業で図形を習っている。授業開始の挨拶だろうか、児童たちは皆起立している。〈大門通・昭和41年・提供＝清水弥一郎氏〉

**▶滋賀大学学芸学部附属小学校の運動会入場行進**　昭和23年にロンドンで開催されたオリンピックの影響だろうか、先頭の児童は五輪の旗を持つ。後ろに続く児童たちは各々世界各国の国旗を掲げ、ゼッケンにも同じものが描かれている。〈末広町・昭和24年・提供＝滋賀大学教育学部附属小学校〉

**▲滋賀大学学芸学部附属小学校の東浦校舎**　明治15年に設立された滋賀県女子師範学校が同42年に大津駅前のこの地に移転し、その後統合と改称を繰り返した。昭和40年に昭和町へ移転することとなる。〈末広町・昭和39年・提供＝滋賀大学教育学部附属小学校〉

**◀晴嵐小学校の１年生**　昭和24年度の記念写真。当時の校舎は、北大路高木および国分町字西出の、現在の東レ滋賀事業場付近にあった。〈園山・昭和25年・提供＝藪田容子氏〉

**▲晴嵐小学校の校門**　石山中学校と併設されていたが、新幹線の建設のため運動場がなくなることから、昭和39年に現在の場所に移転した。〈園山・昭和23年頃・提供＝大西明氏〉

**▼石山小学校の正門にて**　明治7年、鳥居川に設立された開秀学校を起源とする。6年生の児童と教師たち。男の子は皆丸刈りだが、女の子の髪型はさまざまである。〈石山寺・昭和23年頃・提供＝堀井吉朗氏〉

◀**上田上小学校**　「清き流れの大戸川、秀でて高し六ヶ山」と校歌にも歌われる大戸川を南に望み、緑の田畑に囲まれた上田上小学校の校地を空撮。同校は大正 14 年に落成し、落成記念の歌もつくられた。〈平野・昭和 47 年・提供＝上田上小学校〉

▲**瀬田小学校の正面玄関**　昭和 28 年度入学式の記念写真。児童たちは、どことなく緊張した面持ち。明治 9 年、南大萱の萱野学校創設から同校の歴史が始まる。昭和 42 年の瀬田町の大津市への合併により大津市立瀬田小学校と改称され、現在に至る。〈大江・昭和 28 年・提供＝南大萱会館資料室〉

**▲瀬田小学校の授業風景**　算数の授業で速さと距離の計算を学ぶ児童たち。教室前方に石油ストーブが陣取っている。〈大江・昭和 42 年・提供＝高嶋貴子氏〉

**▼坂本小学校**　玄関前での集合写真。最前列の生徒は正座をしている。同校は明治 7 年設立の篤明学校を起源とし、現在も校長室の壁に篤明黌《とくめいこう》と墨筆された額が掲げられている。〈坂本・昭和 24 年頃・提供＝川島直美氏〉

**◀坂本小学校の学芸会**
着物に身を包んだ4年生の女子児童たちが踊る。〈坂本・昭和22年・提供＝徳永茂氏〉

**▲雄琴小学校**　学校に繋がる道は1本しかなく、周囲はほとんど樹木に覆われているのがわかる。運動場の外縁は斜面になっているため、周りにはフェンスが取り付けられている。〈雄琴・昭和48年・提供＝雄琴小学校〉

**▲堅田小学校の玄関**　この年、堅田小学校で開かれた第４回放送教育研究会関西大会の玄関受付のようす。当時は堅田町立の小学校だった。〈本堅田・昭和29年・提供＝堅田小学校〉

**▼木戸小学校の入学式**　母親たちのほぼ全員が和服姿で、背後には二宮金次郎像が写る。この校地は、いまは木戸コミュニティセンターになっている。〈木戸・昭和25年・提供＝北村郁子氏〉

**▶移転前の打出中学校校舎**　昭和22年創立の第二中学校と第三中学校が翌年統合して中央中学校となり、さらにその翌年打出中学校と改称した。撮影当時は現在の松本1丁目児童遊園地の場所にあったが、昭和58年に現在地に移転。児童遊園地には、中学校跡であることを示した石碑が建つ。〈松本・昭和50年・提供＝前田浩史氏〉

**◀滋賀大学学芸学部附属中学校の運動会**　競技のひとつである仮装レースでは、生徒が看護婦の制服に身を包んでいる。当時は大津駅の北側に校舎があったが、昭和39年に現在地に移転した。〈末広町・昭和32年・提供＝和迩秀信氏〉

**▲皇子山中学校の１年生**　正門前での撮影。同校は昭和22年に長等志賀中学校として創立。同24年に皇子山中学校と改称した。〈尾花川町・昭和27年・提供＝山本忠勝氏〉

**▼粟津中学校の１年生**　体育館前にて。起源となる市立第四中学校、第五中学校は昭和22年に創設され、同24年に合併し、粟津中学校に改称した。〈晴嵐町・昭和29年頃・提供＝薮田容子氏〉

**▶志賀中学校**　昭和22年に滋賀郡和邇村立和邇中学校と木戸村立木戸村中学校が合併して和邇村木戸村学校組合志賀中学校となり、同24年、小松村立小松中学校と統合した。この場所はのちに市民グラウンドやホールとして利用された。〈和邇今宿・昭和29年・提供＝大道裕子氏〉

**◀志賀中学校の女生徒①**　学芸会で、男子生徒の帽子と服を借り、旧制第三高等学校の寮歌「琵琶湖周航の歌」を披露した。〈和邇今宿・昭和34年・提供＝北村郁子氏〉

**▶志賀中学校の女生徒②**　和邇小学校にて。敬老会のため「リンゴ追分」を披露する志賀中学校の2年生たち。〈和邇中・昭和32年・提供＝北村郁子氏〉

**▲大津商業高校**　明治38年創立の大津実業補修学校を創始とする。戦後の学制改革で新制高校となったが、以降統合と分割により校名が目まぐるしく変わり、昭和33年に現校名で滋賀大学学芸学部（現滋賀大学附属小中学校の地）内に設置、翌34年に現在地に移転した。写真は移転後、少し経ったころ。〈御陵町・昭和36年頃・提供＝池田俊男氏〉

**◀大津東高校**　明治31年、膳所藩校・遵義堂跡地に設立された滋賀県第二尋常中学校を起源とする。戦後、膳所高校、大津高校、大津東高校と改称し、昭和31年に膳所の名が復活し現在に至っている。〈膳所・昭和26年・提供＝清水弥一郎氏〉

**▶移転後の石山高校**　昭和39年に移転、新設された校舎をバックに記念撮影。それまでは西の庄の滋賀大学校舎（現滋賀大学附属小中学校の場所）を仮校舎として授業を行っていた。〈国分・昭和39年・提供＝池田俊男氏〉

**▲石山高校の第1回入学式**　同校の第1回目となる入学式は滋賀大学内の仮校舎で挙行され、第2回は晴嵐小学校の体育館で行われた。入学許可予定者は男157人、女114人の計271人だった。〈昭和町・昭和38年・提供＝池田俊男氏〉

**◀湖南高校**　昭和14年に瀬田工業学校として開校。当時は機械科と電気科のみだった。同24年に草津高校と統合され湖南高校となり、同30年に瀬田工業高校に改称した。写真の校舎は同15年に完成したものだが、同29年、生徒控え室と食堂を残して焼失してしまった。31年に再建。〈神領・昭和24年・提供＝瀬田工業高等学校〉

**▲瀬田工業高校のボート部**　同校のボート部員たちが頭に鉢巻きをしめ、力いっぱいオールを漕いでいる。唐橋の上には見物人の姿も。同校ボート部は昭和23年に創部し、現在に至るまで数多くの輝かしい成績を残している。〈瀬田・昭和33年・提供＝瀬田工業高等学校〉

▶**比叡山高校**　明治6年、比叡山山上に設けられた天台宗総黌を前身とする。戦後の学制改革にともない一般の子弟にも門戸を開放、女子の入学も許可した。鉄筋コンクリート造4階建ての本校舎建築に着手したのは昭和33年のこと。〈坂本・昭和57年・提供＝安井憲子氏〉

▼**滋賀大学学芸学部**　現在の滋賀大学附属小中学校の場所にあった。校舎の一部を他の学校の仮校舎として使われることが多かった。昭和36年に石山に移転、同41年に教育学部に改称した。〈昭和町・昭和20年代・提供＝大津市歴史博物館〉

# フォトコラム　昭和の子どもたち

　このコラムに収録された写真のなかの子どもたちは、いま、何歳になっているのだろうか。一番新しい昭和五十五年に撮影された写真の子どもたちが十歳だったと仮定すると、今年（平成三十年）で四十八歳。下の写真が写された同二十七年に十歳とすると、七十六歳である。

　これらのいずれの世代にも共通する子ども時代の思い出といえば、琵琶湖や川での水遊びであろう。友だちと釣りをしたり、ボートや模型で遊んだり、ただ水辺でふざけ合ったり。その耳元には、繰り返し岸に寄せる水の音が常に聞こえていた。

　メンコやチャンバラに夢中になったのは比較的上の世代だろうか。お気に入りの野球選手やマンガのキャラクターが印刷されたメンコが取られると悔しいから、地面にたたきつける角度を工夫したり、時には油や蝋を塗ったメンコを作って勝負にこだわる子どももいた。男の子たちは棒を手にすると、すぐチャンバラをはじめた。映画やテレビで観たヒーローになりきって棒きれを振り回したが、打ち合っていた棒が勢い余って手にあたると、その痛さで、はな垂れ坊主の現実に引き戻された。

　ダッコちゃんの人形が大流行する直前には、皇太子（今上天皇）と美智子妃の結婚式がテレビ中継されたことから、白黒の受像機が普及しはじめ、昭和三十年代の最後に開催された東京オリンピックで、テレビが一気に茶の間に広がった。

　そうなると、子どもたちの憧れや流行はテレビアニメの登場人物となり、人気のテレビ番組が影響力を持つようになる。赤塚不二夫原作の漫画『おそ松くん』に登場するイヤミが「シェー！」という奇声を発しながらとるポーズはみるみるうちに子どもたちに広がり、カメラを向けられると、自動的に手足をくねらせる子どもが続出した。

　ザ・ドリフターズが出演した『8時だョ！全員集合』も子どもたちに影響を与えた番組のひとつ。本コラムに収録されたヒゲダンスが流行る前には、扇情的なトランペットの音色で演奏される曲とともに加藤茶が舞台上で「ちょっとだけよ」と言いながらポーズをとる場面が人気を集めた。

　昨今、子どもが夢中になった漢字ドリルの例のように、大人たちが好むと好まざるとにかかわらず、いつの時代も子どもは興味を持ったものに素直に反応する。

　近頃の子どもは、と言う前に、自身の子ども時代の写真を見て、腕白、お転婆だった当時を思い返すのもいいかもしれない。

**◀おかっぱ頭の女の子**
瀬田川の川岸で水遊びの合間のひとコマ。唐橋の西詰あたりから北東を撮影したもの。後ろ髪を襟足でまっすぐに切りそろえ、前髪は眉毛の上でそろえた「おかっぱ頭」は当時の女の子の代名詞だった。〈唐橋町・昭和27年頃・提供＝薮田容子氏〉

**▶遊覧船の船上で**　坊ちゃん頭、前掛けをした男の子が、栈橋の丸太に手をかけている。休日、家族での楽しい小旅行のスナップ。〈浜大津・昭和 23 年頃・提供＝薮田容子氏〉

**▼公民館での子供会**　和邇の公民館。さまざまな世代の子どもたちとその親たちが集まっている。食事中であろうか。当時はテレビ放送の開始前。娯楽の中心は地域の公民館などで、行事の際にはよく余興が行われた。子どもたちは親とともに弁当持参で楽しんだ。〈和邇中・昭和 26 年・提供＝和迩秀信氏〉

**▲メンコ遊び**　厚紙製の「紙メンコ」は明治時代に登場したといわれている。地面に置いたメンコを、自分のメンコでひっくり返したり、枠の外に出したりして遊んだ。負けたらメンコは対戦相手に取られるので、真剣勝負である。大相撲の力士や野球選手などの写真が印刷され、メンコ収集に熱中する男の子もいた。〈穴太・昭和30年代前半・提供＝徳永茂氏〉

**▼チャンバラごっこ**　当時は時代劇映画の封切りが多く、ことに少年剣士・赤胴鈴之助は男の子たちのヒーローだった。ぬかるんだ路地も懐かしい。〈栄町・昭和31年・撮影＝前野隆資氏、提供＝滋賀県立琵琶湖博物館〉

**▶琵琶湖岸での魚釣り**
湖岸で釣り糸を垂らす少年たち。背景の建物群は旧大津海軍航空隊で、格納庫や、水上航空機用のスロープが見える。当時は占領軍が使っていたが、昭和33年に返還され、現在は陸上自衛隊大津駐屯地となっている。〈際川・昭和32年・撮影＝前野隆資氏、提供＝滋賀県立琵琶湖博物館〉

**◀幼児が乗った木馬**　手づくりだろうか。足の部分にコロがついた木馬である。赤ちゃんを乗せ、大人が押して動かした。このころ、赤ちゃんの歩行訓練のためにと歩行器を用意する家庭も多かったが、いまは見られなくなった。〈大萱・昭和28年頃・提供＝間宮和彦氏〉

**▶起き上がりこぼし**　赤ちゃんとほぼ同じ大きさの、セルロイド製の起き上がりこぼし。セルロイド人形は安価なこと、成形が容易なことから、戦前から戦後にかけて大量に生産された。日本の数少ない輸出産業ともなったが、燃えやすい材質が敬遠され、だんだんと姿を消していった。〈和邇今宿・昭和39年・個人蔵〉

**▶箱型ブランコに乗って**　神領団地内の公園にて。高度経済成長期、ブランコや回転するジャングルジム、シーソーなどの遊具が公園に設置されるようになった。子どもたちには大人気だったが、老朽化や安全面で懸念があるなどの理由で、現在は撤去されていることが多い。〈三大寺・昭和39年・提供＝高嶋貴子氏〉

**◀鉄製の三輪車**　お気に入りの三輪車にまたがって、ハイ、チーズ。このころは、三輪車も鉄製の無骨なものが多かった。〈島の関・昭和41年・提供＝前田浩史氏〉

**▼流れる音楽に興味津々**　高度経済成長期、安価で持ち運びできるポータブルレコードプレーヤー（ポータブル電蓄）が一般家庭に普及した。写真のものは、手前に取っ手が見えることから、トランク型と思われる。かかっているのは「ドーナツ盤」と呼ばれたシングルレコード。〈和邇今宿・昭和39年・個人蔵〉

**▲雪だるま**　雪が積もった場所で雪玉を転がすと、雪玉はどんどん大きくなっていく。それを重ねて目鼻を付ければ雪だるまのできあがり。雪の日は楽しくて、寒さを忘れて外で雪遊びをした。〈小野・昭和42年頃・提供＝大道裕子氏〉

**◀ダッコちゃん**　昭和35年に発売されたビニール製の人形「ダッコちゃん」は、翌年にかけて空前の大ヒット商品となり、品薄から偽物が出回るほどだった。子どもの奥にあるテレビにはカバーがかけられ、右には水屋箪笥が写っている。〈中央・昭和36年・提供＝高嶋貴子氏〉

**▲舟の模型で遊ぶ**　和邇浜にて。夏の暑い日の水遊び、郷愁を誘うワンシーン。舟で休息する子どもたちがつくったのだろうか、水面に小さな舟とヨットの模型が浮かんでいる。〈和邇中浜・昭和 40 年・提供＝和迩秀信氏〉

**▶湖岸の舟で遊ぶ**　朽ちかけた小舟の隣には、赤十字に「大津市」と書かれた舟。水難事故の救命船であろうか。観光で訪れたのか、「よそ行き」を着たふたりの子どもが戯れる。〈下阪本付近・昭和 46 年・提供＝山本光晴氏〉

**▲京阪レークセンターの遊具で**　京阪レークセンターは、いまの浜大津アーカスの場所にあったレジャー施設。大噴水の西側には写真のようなアスレチック遊具がいくつか置いてあり、子どもたちが夢中で遊ぶ姿が見られた。〈浜町・昭和 46 年・提供＝山本光晴氏〉

**▼ふたりで「シェー！」**　刈り入れ時を迎えた田んぼで。赤塚不二夫作の漫画『おそ松くん』に登場するキャラクター・イヤミが行うこのポーズは、昭和 40 年代初頭から数年にわたって大流行した。映画のなかではゴジラが、また、同 41 年に来日したビートルズのジョン・レノンもこのポーズをとった。〈見世・昭和 40 年・提供＝清水弥一郎氏〉

**▲自宅でお餅つき**　餅取り粉が入った大きなタライに、つき終わった餅がある。ちょうどよい大きさにまとめているところ。経済成長も一段落したこのころ、すでに自宅で餅つきをする家は少なくなっていた。〈梅林・昭和48年・提供＝山本光晴氏〉

**▼みんなでヒゲダンス**　ナカマチ商店街連合会の夏のイベント・夜市で。ヒゲダンスは、テレビ番組『8時だョ！全員集合』から生まれた。軽快な音楽に乗せた大道芸とユーモラスな動きで、昭和54年ごろから人気に火が付いた。〈長等・昭和55年・提供＝菱屋町商店街振興組合〉

# 協力者および資料提供者

（敬称略・順不同）

青木福太郎
池田俊男
伊藤星津子
大西　明
大道裕子
加藤義治
鎌田康子
川崎昭吾
川島直美
川村京子
北村郁子
光明清治
小寺美保子
佐々木昭彦
斎藤ちづ子
島口美明
清水弥一郎
椙山　満
髙嶋貴子
高見彰彦
田中　宏
谷本　勇（故人）
徳永　茂
長澤三代子
西村榮次郎（故人）
西村洋子

平木智子
福田徳郎
堀井吉朗
前野隆資（故人）
前田浩史
松浦すみ江
間宮和彦
村松善郎
安井憲子
藪田容子
山田一弥
山元和彦
山本忠勝
山本光晴
山森恵美子
吉村有紀子
和迩秀信

大津商工会議所
石山商店街振興組合
長等商店街振興組合
菱屋町商店街振興組合
丸屋町商店街振興組合

アイデア商事
京阪電気鉄道株式会社
スミレ写真館
東レ株式会社
比叡山鉄道株式会社
琵琶湖汽船株式会社

近江神宮
南大萱会館資料室

大津市立逢坂小学校
大津市立雄琴小学校
大津市立堅田小学校
大津市立上田上小学校
大津市立下阪本小学校
大津市立中央小学校
大津市立真野小学校
滋賀大学教育学部附属小学校
滋賀県立瀬田工業高等学校

大津市歴史博物館
京都市上下水道局
京都鉄道博物館
滋賀県
滋賀県平和祈念館
滋賀県立図書館
滋賀県立琵琶湖博物館

＊このほか多くの方々から資料提供やご教示をいただきました。謹んで御礼申し上げます。

# おもな参考文献

（順不同）


『新修大津市史 5 近代』（林屋辰三郎、飛鳥井雅道、森谷尅久・昭和57年）

『新修大津市史 6 現代』（林屋辰三郎、飛鳥井雅道、森谷尅久・昭和58年）

『志賀町史 第3巻』（志賀町史編集委員会・平成14年）

『滋賀県史 第4巻 最近世』（滋賀県・昭和3年）

『滋賀県史 昭和編 第3巻 農林編』（滋賀県史編さん委員会・昭和51年）

『大津市制100周年記念特別展 家族の一世紀』（大津市歴史博物館・平成10年）

『大津市制100周年記念企画展 大津の鉄道百科展』（大津市歴史博物館・平成10年）

『特別陳列図録 琵琶湖観光の幕開け』（大津市歴史博物館・平成11年）

『企画展 ありし日の江若鉄道 大津・湖西を結ぶ鉄路』（大津市歴史博物館・平成18年）

『戦争と市民 湖国から平和へのメッセージ』（大津市歴史博物館・平成21年）

『歴史探検！ 大津百町ガイドブック』（大津市歴史博物館・平成25年）

『図説 大津の歴史 下巻』（大津市歴史博物館市史編さん室・平成11年）

『大津商工人名録』（大津商工会議所・昭和10年）

『滋賀県写真帖』（滋賀県・明治43年）

『滋賀県写真帖』（滋賀県・大正4年）

『湖国のモダン建築』（石田潤一郎、吉見静子、池野保・平成21年）

『琵琶湖疏水の100年 叙述編』（京都市水道局総務課・平成2年）

『南大萱史』（南大萱史編さん委員会・平成16年）

『滋賀県滋賀郡勢要覧』（滋賀県滋賀郡・大正8年）

『琵琶湖・堅田の原風景』（大西艸人・平成12年）

『伸びゆく真野北』（記念誌作成部・平成17年）

『男装の麗人・川島芳子伝』（上坂冬子・平成元年）

『近江神宮創建造営夜話』（石川金蔵・昭和39年）

『滋賀県栗太郡瀬田町勢要覧』（瀬田町・昭和7年）

『本土決戦と滋賀 空襲・予科練・比叡山「桜花」基地』（水谷孝信・平成26年）

『岩波講座 近代日本と植民地 3 植民地と産業化』（大江志乃夫ほか・平成5年）

『日本辯護士名簿』（田村道太郎・昭和9年）

『日本辯護士名簿』（田村道太郎・昭和14年）

『日本案内記 近畿篇 上』（鉄道省・昭和6年）

『全国乗合自動車総覧』（鉄道省・昭和9年）

『村民必携』（斉城五三郎、登田梅巌・明治27年）

『都道府県庁舎 その建築史的考察』（石田潤一郎・平成5年）

『目で見る大津の100年』（木村至宏・平成4年）

『大津・志賀の今昔』（木村至宏・平成17年）

『ふるさと大津』（樋爪修・平成25年）

「機関紙『堅田時報』と児童生徒作文に見る戦後復興期の観光論議」『同志社政策科学院生論集 第2巻』（中島智・平成24年）

「調査研究活動報告 全国陸海軍墓地一覧」『国立歴史民俗博物館研究報告 第102集 慰霊と墓』（山辺昌彦・平成15年）

大津市歴史博物館 大津の歴史データベース http://www.rekihaku.otsu.shiga.jp/db/index.html

滋賀県立琵琶湖博物館 収蔵品データベース https://www.biwahaku.jp/research/collection.html


＊このほかに各自治体の要覧や広報誌、新聞記事、住宅地図、ウェブサイトなどを参考にしました。

**写真取材**
岸 雄一郎

**装幀・DTP**
伊藤道子

**編集・制作**
野村明紘

**販売企画**
高垣栄司（株式会社樹林舎出版販売）

写真アルバム **大津市の昭和**

**2018年12月14日　初版発行**

監修・執筆　白木正俊

発 行 者　山田恭幹

発 行 所　樹林舎
〒468-0052　名古屋市天白区井口1-1504-102
TEL: 052-801-3144　FAX: 052-801-3148
http://www.jurinsha.com/

印 刷 所　大日本法令印刷株式会社

製 本 所　株式会社渋谷文泉閣


ISBN978-4-908436-28-4 C0021
＊定価はカバーに表示してあります。
＊乱丁・落丁本はお取り替えいたします。